TARÔ DOS
MAGOS
WIZARDS TAROT

BARBARA MOORE

Originalmente publicado com o título *Wizards Tarot*
Copyright © 2020 Barbara Moore | Publicado por Llewellyn Publications
Woodbury, MN 55125 USA | www.llewellyn.com
© 2023, Editora Alfabeto.

Direção Editorial: Edmilson Duran
Colaboração: Gabriela Duran
Tradução: Renan Papale
Ilustrações: Mieke Janssens
Projeto gráfico: Samantha Penn
Capa e Diagramação: Décio Lopes
Revisão de Textos: Luciana Papale

DADOS INTERNACIONAIS DE CATALOGAÇÃO NA PUBLICAÇÃO (CIP)

Moore, Barbara

Tarô dos Magos / Barbara Moore – Tradução de Renan Papale
– 1ª edição. São Paulo: Alfabeto, 2023.

ISBN: 978-65-87905-31-0

1. Tarô   2. Oráculo   I. Título

Índices para catálogo sistemático:
1. Oráculo

Todos os direitos reservados, proibida a reprodução total ou parcial por qualquer meio, inclusive internet, sem a expressa autorização por escrito da Editora.

EDITORA ALFABETO
Rua Protocolo, 394 | CEP: 04254-030 | São Paulo/SP
Tel: (11) 2351-4168 | editorial@editoraalfabeto.com.br
ALFABETO   Loja Virtual: www.editoraalfabeto.com.br

SUMÁRIO

Introdução	1
Capítulo 1: Sobre o Tarô e os Magos	5
Capítulo 2: Lendo as Cartas	13
Capítulo 3: Arcanos Maiores	21
Capítulo 4: Arcanos Menores	67
Capítulo 5: As Cartas da Corte	169
Capítulo 6: Tiragem	211
Capítulo 7: O Caminho Mágico	223
Conclusão	235

INTRODUÇÃO

Mágicos, Magos, Bruxas e Bruxos, Feiticeiras e Feiticeiros, encantadores ou conjuradores: existem todos os tipos de usuários de magia. A única coisa que eles têm em comum, é que todos usam magia de alguma forma. Alguns já estão estabelecidos no mundo real. Por exemplo, é fácil encontrar muitas Bruxas que praticam de verdade. Menos comuns, no entanto, mas ainda bem representados entre nosso povo mágico moderno, são os Magos. Tanto as Bruxas quanto os Magos se baseiam na tradição e no conhecimento histórico, alguns seguindo códigos ou sistemas de crenças bastante rígidos. Além das Bruxas e dos Magos, porém, é mais difícil definir conceitos comumente aceitos para os outros tipos de magistas.

Os Magos são mais comumente encontrados em histórias, mitos, literatura, TVs e filmes. Como somos menos inclinados a ter ideias específicas sobre os Magos, mesmo porque não há (até onde sei) nenhuma característica rígida real que todos eles devam ter, nosso conceito de Mago é mais vago, menos fácil de definir. Por eles existirem mais no reino das histórias, principalmente, este é um ótimo tema para se misturar com o Tarô. As imagens das cartas de Tarô incluem muitos símbolos, que por sua vez são também difíceis de definir. Os símbolos contêm multicamadas e são complexos. Combinar o Tarô com os Magos permite muito espaço para brincadeiras criativas. Ao longo deste livro e de suas cartas, exploraremos como adicionar os Magos a um baralho pode aprimorar e aprofundar seus significados tradicionais, ou até mesmo nos levar para uma direção diferente.

Se este Tarô chamou a sua atenção, provavelmente você está interessado em Magos, Bruxas, Feiticeiros e em todos os tipos de seres mágicos. Você pode até ser fã de literatura fantástica e de filmes de magia. Se assim for, talvez alguns sinais da magia popular e de seus usuários possam ser encontrados neste livro. Não se preocupe se você não gosta desse tipo de entretenimento, as referências no baralho são sutis e não são necessárias para interpretar ou usar as cartas. Essas alusões são como granulados em cima de um cupcake. Algumas influências neste baralho incluem os livros e filmes de Harry Potter (é claro!); a série de TV "A Descoberta das Bruxas", baseada na nos livros da *Trilogia das Almas*; o livro *The Dresden Files,* da série de TV "Arquivos Sobrenaturais"; a trilogia e também série de TV *Os Magos* e a série de livros *Hollows*. Como as histórias entram no nosso subconsciente, provavelmente há ainda mais influências das quais não me lembro. Eu adoraria saber quais conexões você vai encontrar!

Se você é um iniciante, aqui está o que precisa saber para tirar o máximo proveito deste livro. O capítulo 1, Sobre o Tarô e os Magos, explica o que é o Tarô e a estrutura de um baralho, bem como de que maneira a magia molda este baralho. O capítulo 2, Lendo as Cartas, é uma introdução à leitura. Este capítulo também inclui algumas dicas para se manter em mente sobre o Tarô. Mesmo que você opte por não ler o capítulo inteiro, dê uma olhada nas dicas, especialmente se você é iniciante.

Os capítulos do 3 ao 5, Arcanos Maiores, Arcanos Menores e as Cartas da Corte, apresentam os significados básicos e tradicionais de cada carta. Cada um destes capítulos tem uma seção introdutória, que explica os pontos em comum dentro do grupo e dá dicas para sua interpretação, portanto, certifique-se de verificar isso além das páginas das cartas individualmente. Muitas pessoas não vão ler estes capítulos página por página, elas simplesmente vão fazer uma referência à página apropriada quando uma carta aparecer em uma leitura. Esta é uma maneira totalmente nova de usar estes capítulos.

No capítulo 6 – Tiragem, tem uma pequena coleção de exemplos de leituras. Você vai encontrar algumas tiragens clássicas, bem como alguns exemplos com temas mágicos.

O *Wizards Tarot* foi projetado para ser usado como qualquer outro baralho estilo *Rider-Waite-Smith*. Você pode usá-lo para qualquer tipo de leitura, da mesma maneira que usaria qualquer outro baralho de Tarô. Uma das coisas legais de combinar um determinado tema com o Tarô, é que você pode explorar tanto um quanto outro mais profundamente. O capítulo 7, O Caminho Mágico, pressupõe uma compreensão básica das cartas (recolhidas nos capítulos 3, 4 e 5 ou através de sua própria experiência). Neste capítulo, vamos explorar os aspectos mais mágicos das cartas, incluindo notas sobre símbolos ou temas que não são abordados nos significados básicos e são mais úteis para reflexão pessoal do que leituras divinatórias.

A divisão de interpretações, do mais básico ao mais versado em feitiçaria, existe para a facilidade dos iniciantes. Para um novato que está fazendo suas primeiras leituras e procurando definições (e esta é uma maneira perfeitamente aceitável de começar suas leituras), ler os parágrafos do texto, alguns relacionados a conceitos bastante fora do comum, pode ser esmagador. Uma das coisas mais desafiadoras sobre fazer leituras é misturar o significado padrão, escrito nos livros e nas cartas, com o contexto inserido em questão, de maneira que seja útil e relevante para a pergunta que está sendo feita. Manter as interpretações básicas, para começar, facilita o foco na combinação dos significados das cartas.

Fazer este baralho e escrever este livro foi uma aventura divertida e esclarecedora. Espero que goste de usá-los tanto quanto eu amei fazê-los.

· CAPÍTULO 1 ·
SOBRE O TARÔ E OS MAGOS

Antes de adicionar os Magos à mistura, vamos começar falando sobre Tarô. Para a maioria das pessoas, as cartas de Tarô emanam sabedoria e mistério. A grande questão é, de onde veio tudo isso? Foi tecido nos primeiros baralhos de tarô já feitos? É possível, pois as cartas foram criadas usando histórias e símbolos que seriam facilmente reconhecidos pelas pessoas da época. Mas quando essas cartas surgiram, elas foram usadas simplesmente como um baralho para um jogo específico, chamado *tarocchi*. Até onde sabemos, as cartas originais não eram usadas para adivinhação. Minha crença é que com o tempo, nós, humanos, usamos as cartas de maneiras que as imbuíram de sabedoria e mistério. Além disso, se abordarmos qualquer coisa com um sentimento de admiração e temor, provavelmente seremos recebidos com o mesmo em troca.

Os decks mais antigos certamente tinham seus próprios tipos de beleza, pois eram pintados à mão e respingados de folhas de ouro. Ao longo dos séculos, as imagens das cartas e os usos do baralho mudaram. Os primeiros baralhos compartilhavam a mesma estrutura, mas tinham algumas imagens muito diferentes das atuais. Além disso, até onde sei, não existe um conjunto completo dos primeiros baralhos que datam de meados do século 15. Se você espera encontrar o Tarô original ou "verdadeiro", provavelmente não encontrará… pelo menos não neste plano de existência.

Hoje, existem quatro tipos principais de baralhos de Tarô. A Tradição mais influente, aquela que a maioria dos baralhos modernos projetados pelos americanos seguem (incluindo o *Wizards Tarot*) é a que chamamos de *Rider-Waite-Smith Tarot* (RWS), publicado em 1909. O *Tarô de Marselha* é mais antigo que isso, sendo datado por volta do início do século 18. O *Tarô de Marselha* não é muito popular nos Estados Unidos por uma razão importante: mais da metade de suas cartas não tem cenas que insinuam seu significado. Elas só têm designadores de naipes, como nossas cartas de baralho comuns. O *Tarot de Thoth* foi publicado em 1969, embora tenha sido criado cerca de trinta anos antes disso. E ele é menos popular, provavelmente porque um de seus criadores, Aleister Crowley, tem uma reputação infame e (para alguns) até preocupante. No entanto, este baralho, e outros que seguem sua Tradição, têm seguidores leais. O *Tarot de Thoth* vem da mesma tradição que o RWS, mas Crowley optou por expressar alguns dos conceitos de forma diferente e também a usar a numeração tradicional da carta da Justiça como VIII e da Força como XI. A Tradição final é realmente a tradição do individualismo, da singularidade e da criatividade. Existem muitos baralhos maravilhosos que mantêm a estrutura básica do Tarô, mas dentro dessas estruturas, eles não seguem as tradições RWS, Marselha ou Thoth. Em vez disso, iluminam novas áreas, trazendo novas vozes e novas perspectivas para as cartas.

Você provavelmente sabe que existem muitos decks de adivinhação e inspiração disponíveis. Embora todos possam ser chamados de baralhos de oráculos, nem todos são baralhos de Tarô. A diferença mais importante é na estrutura. Os baralhos de oráculos não possuem uma estrutura específica comum, podendo ter um estrutura criada pelo desenhista das cartas, ou até mesmo nenhuma, sendo apenas uma coleção de palavras e imagens. Um baralho de Tarô tem um design muito específico, que faz parte do que o torna uma ótima ferramenta para os humanos. A estrutura ajuda tanto na aprendizagem dos significados das cartas quanto na interpretação das leituras, existindo duas partes principais: os Arcanos Maiores e os Arcanos Menores. Não se deixe enganar pela palavra "arcano"; derivada do latim, seu verdadeiro significado é "segredos". Os Arcanos Maiores têm vinte e duas cartas numeradas de 0 a 21. As cartas têm nomes como O Louco, Os Amantes, A Força e A Lua. Os Arcanos Menores têm cinquenta e seis cartas, divididas em quatro naipes. Cada naipe tem cartas numeradas de 1 a 10 e quatro cartas diferentes, as Cartas da Corte, denominadas de Pajem, Cavaleiro, Rainha e Rei. Você vai aprender mais sobre cada uma dessas categorias nas introduções dos capítulos 3, 4 e 5.

Embora as cartas existam há séculos, a maneira como as usamos se expandiu. Muitas pessoas ainda usam cartas para jogar *tarocchi*. Não sou muito adepta a jogos de cartas, nunca joguei *tarocchi*, mas já o vi sendo jogado em conferências de Tarô. Pelo que entendi, é complicado e muito parecido com o jogo de cartas *Bridge*. No entanto, o uso mais popular das cartas de Tarô é a adivinhação, geralmente por meio de "tiragens". Hoje em dia, porém, as pessoas usam as cartas para todos os tipos de coisas, como uso diário, meditação, encontrar inspiração criativa, resolução de problemas, criação de rituais, lançar círculos, fazer trabalhos de altar, projetos de arte e como sugestões de escrita criativa. Você pode experimentar outras ideias ou pode continuar fazendo leituras, se essa for sua preferência. Não deixe ninguém lhe dizer que você não pode usar as cartas como quiser.

Através do meu ensino, aprendi que as pessoas muitas vezes chegam às cartas sentindo-se nervosas, talvez preocupadas em "fazer errado" ou interpretar mal uma delas. Talvez seja porque há muitos livros disponíveis e muitos recursos na internet, além de programas, aulas e workshops. Quando eu aprendi a jogar Tarô, não havia nem internet nem essa quantidade enorme de fontes. Então, a maior parte do que meus amigos e eu fazíamos, era experimentar e arriscar a jogar. Tal como acontece com tantas outras coisas, o rico poço de informações facilmente disponíveis é uma bênção e uma maldição. Mais do que tudo, tente ter uma sensação de relaxamento em torno de sua jornada com o Tarô. Nada de ruim vai acontecer. Tenho a certeza de que você não vai invocar acidentalmente um demônio em sua cozinha.

Há uma razão muito boa para você não "fazer errado" ou interpretar mal uma carta. Desde o início, o Tarô mudou. As imagens, a numeração, a ordem dos Arcanos Maiores e os significados dos naipes se desenvolveram ao longo dos anos. As pessoas dizem que o Tarô é um espelho. Se isso for verdade, então ele reflete os ideais e as crenças daqueles que o analisam. À medida que a consciência humana coletiva evolui, é natural que o próprio Tarô evolua. Mesmo alguém que estudou e trabalhou com as cartas por trinta anos, pode olhar para uma carta que já analisou milhares de vezes e ver algo novo nela. Relaxe e confie em si mesmo. Você tem uma jornada potencialmente longa e fascinante pela frente.

Outra razão pela qual você não vai cometer erros trágicos é porque seu cérebro foi projetado para ler e responder aos símbolos. Você pode não ter muita experiência em trabalhar com eles, ou pelo menos não ter experiência consciente. Infelizmente, nossa cultura não tem muitos símbolos compartilhados da mesma forma que, digamos, a Europa renascentista tinha. Você pode ver uma flor branca em uma bandeira preta e não ter ideia do que pensar sobre isso. Com prática e um pouco de orientação, em breve você conseguirá. Essa metáfora pode ajudar: nossos corpos foram projetados para andar, mas não nascemos sabendo andar. Temos que aprender e praticar antes que possamos fazê-lo com alguma graça e sem pensar muito. É o mesmo com os símbolos e o Tarô. Para ajudá-lo a começar a perceber os símbolos, você vai notar algumas referências neste livro que remetem a símbolos comumente usados e possíveis maneiras de interpretá-los dentro dos significados dos Arcanos Maiores. Se você não está acostumado a ler os símbolos, esteja preparado para se sentir estranho, mas continue. Eu prometo, vai ficar mais suave e fácil com o tempo. Se isso ajudar, talvez pense neles como *emojis*, já que nossa geração está ficando muito boa em ter conversas de texto inteiras compostas apenas por essas representações gráficas, o que não deixa de ser um uso de símbolos.

A coisa mais importante que você pode fazer para passar de atrapalhado para perspicaz é praticar e desenvolver um relacionamento pessoal com as cartas. Uma das grandes lições que flui por todo o baralho é o equilíbrio, por isso, faz sentido que uma abordagem equilibrada de estudo e prática funcione melhor para o Tarô. Os significados tradicionais e o estudo disciplinado são importantes, mas são apenas um aspecto. Pense na música. Você pode estudar teoria musical e analisar uma partitura escrita e isso trará certo nível de compreensão, mas não é a mesma coisa que ouvir, cantar ou tocar a música. Se você entender a teoria, vai tocar melhor, mas se nunca pegar seu instrumento, toda essa teoria é sem vida. Já vi muitos alunos que tinham medo de praticar ou fazer uma leitura até sentirem que, de alguma forma, aprenderam tudo o que uma carta significa. Cada carta é uma porta para vastos mundos de possibilidades e pode significar muitas coisas. Não sei se alguém sabe tudo o que cada carta pode significar. Grande parte do que as cartas vão dizer para você quando as ler, vai vir do seu relacionamento com elas, da dança que vocês fazem juntos, e isso só vai vir através do seu trabalho. Então, certifique-se de sair da sua cabeça e embaralhar suas cartas.

Parte de sua jornada com o Tarô pode incluir revelação pessoal e autodescoberta. Tem sido dito que estudar o Buda é estudar o Eu. O mesmo pode ser dito do Tarô. Mesmo você acreditando que seu desejo é o de usar as cartas para leituras práticas sobre os problemas cotidianos que enfrenta, com o tempo, é provável que descubra um interesse mais profundo. Aqui é onde começamos a transição para a parte mágica do Tarô. Existe um princípio mágico, "como acima, assim abaixo". Este ditado significa que o que acontece em um plano superior acontece em um plano inferior (e vice-versa). As afirmações utilizam este princípio. Ao dizer e pensar coisas em um plano (sua mente), você cria mudanças em outro (realidade) à medida que suas ações mudam para refletir as palavras repetidas. Na verdade, isso está profundamente enraizado no Tarô. Entre os leitores de Tarô, o Mago se tornou o porta-voz de "como acima, assim abaixo", tomando como base suas atitudes que, visualmente, são retratadas na posição de seus braços na maioria dos baralhos de estilo RWS. Um braço é levantado como se canalizasse energia de cima e o outro aponta para baixo, como se direcionasse essa energia para a terra.

Uma característica importante dos Magos, é que eles aprendem através dos livros. Existem muitos textos antigos com um grande conteúdo alquímico, contendo os mais diversos símbolos e curiosas ideias, por meio das quais frequentemente os Magos estudam a arte e a ciência da alquimia.

Como os estudos do Buda ou do Tarô, a busca da alquimia também é uma jornada metafórica. Uma das práticas da alquimia era transformar chumbo em ouro. Talvez esse fosse realmente um objetivo literal de muitos alquimistas. Com o tempo, porém, entendemos que a alquimia também é uma jornada metafórica, que busca transformar você em uma versão melhor de si mesmo. É uma maneira de se tornar o melhor que se pode ser.

Como mencionado na introdução, não há uma definição comumente aceita do que é um Mago, mas entendemos que se trata de um tipo de usuário de magia. Este termo geralmente implica muita sabedoria (as raízes desta palavra significam "sábio", "filósofo") e conhecimento, este, geralmente adquirido através de livros. Todos os Magos começam em algum lugar e provavelmente não nascem com mais sabedoria inata do que o resto de nós. Ao longo do baralho, você vai notar pessoas mais jovens, principalmente os Pajens, que estão nos estágios iniciais de aprendizado e não têm a sabedoria de seus colegas mais velhos. Ler e praticar leva tempo. Estudar Tarô é uma ótima maneira de começar a desenvolver seus próprios aspectos mágicos.

Como tudo no Tarô, assim como nos trabalhos mágicos, é metafórico, podemos mudar a definição da magia de literal para simbólica. Uma descrição comum da magia é criar mudanças no mundo de acordo com a vontade de alguém. Esse é um objetivo para muitos trabalhadores mágicos. Para alguns, há outras maneiras de usar a magia, e isso é alcançar o controle completo do Eu e, assim, desfrutar da completa liberdade de sua vontade. Sem ter controle de si mesmo, inclusive trabalhando para eliminar coisas que o incomodam particularmente e gatilhos que os outros podem acionar, deixando de exigir o melhor de todos ao seu redor, você nunca poderá realmente ser livre. Essas coisas fazem você reagir automaticamente, sem pensar, e isso significa que seu livre-arbítrio, neste momento, não está atuando. Se a sua vontade não for o fator determinante da sua tomada de decisão, você não está experimentando seu livre-arbítrio. Se a magia está fazendo mudanças no mundo de acordo com a sua vontade, você vai precisar acessar e expressar sua vontade para que sua magia seja eficaz.

À medida que você passa mais tempo com o Tarô, se estiver interessado no lado mágico, vai conseguir ver as lições mais profundas das cartas. Você vai se perguntar com mais frequência: "Essa reação está realmente alinhada com minha vontade, com meus valores?" Uma vez que você comece a pensar dessa maneira, certamente vai começar a se transformar na versão mais elevada de si mesmo. Você não precisa fazer leituras especiais para encontrar esse conhecimento, embora certamente possa. Mesmo uma leitura aparentemente mundana, sobre se seu ex vai voltar para você, por exemplo, pode revelar muitas informações sobre você e seu próprio comportamento e como ele se alinha ou não com seus ideais mais elevados. Lembre-se, as cartas são chaves que abrem portas para levar você a mundos de sabedoria e discernimento. Toda essa generosidade pode ser acessada estudando as cartas e fazendo as leituras. Então, vamos começar a aprender como organizar e interpretar as cartas.

· CAPÍTULO 2 ·
LENDO AS CARTAS

Aprender a ler as cartas não é um processo linear. Você não apenas aprende seus significados e está pronto para ler. Sua compreensão das cartas cresce com o tempo. Mas não deixe que isso o impeça de fazer leituras, porque a menos que realmente comece a praticar, um conhecimento importante vai ficar de fora, a experiência. Além disso, se você se concentrar demais nos significados do livro, corre o risco de se tornar rígido em suas interpretações e ter ainda mais dificuldade em misturá-las às perguntas e às posições da tiragem. Li em algum lugar que fórmulas e coisas que funcionam em um ambiente ideal e controlado não funcionam na vida real. Os significados dos livros são exatamente assim. A prática permite que você leve as fórmulas para desenvolver as habilidades e mudar do ideal para o real. Intercale seu estudo com a prática. Tentar alguns dos exercícios listados a seguir também vai ajudar a formar um relacionamento com as cartas.

Não se esqueça de que sua intuição desempenha um grande papel ao fazer uma leitura. Embora seja verdade que algumas pessoas são mais habilidosas em acessar seu lado intuitivo que outras, todos nós temos essas habilidades. Antes de continuar, experimente e veja, você provavelmente vai se surpreender. Pense em algo que está por vir: uma reunião, uma festa, uma conversa difícil, um projeto. Pergunte às cartas algo como "O que posso fazer para me preparar para _____?" Embaralhe como quiser e tire uma única carta do baralho. Não procure seu significado. Observe a imagem, anote seu nome, número, classificação e/ou naipe. Que pensamentos ou sentimentos vêm à sua mente? Como eles são relevantes para a sua situação? Como você pode verbalizar claramente as informações que reuniu em uma ou duas frases coerentes? Depois de formar sua interpretação, compare com a interpretação do livro. No entanto, não assuma que você entendeu errado se o seu for diferente. Em vez disso, encontre maneiras de conectar o significado do livro com seu lado intuitivo, ou talvez explore a mesma coisa, mas de um ângulo diferente. As descrições dos livros são tão curtas que não podem cobrir todos os significados possíveis. Mas ambos os significados estão conectados à imagem, o do livro e o intuitivo, então, certamente há um terreno comum, mesmo que não seja aparente. Ler as cartas tem tudo a ver com encontrar conexões, então esta atividade vai fortalecer essa habilidade.

O uso de uma única carta para uma leitura é comum especialmente para iniciantes, mas há muitos profissionais que preferem tirar apenas uma carta. De fato, trabalhar somente com uma carta é uma boa maneira de realmente conhecer o baralho. Uma dica de aprendizado popular é tirar uma carta todas as manhãs. O que não caracteriza exatamente uma leitura, mas uma maneira diária de se conectar com uma carta. Reflita sobre a carta e anote seus pensamentos iniciais. Leia a interpretação e misture isso em suas anotações. Lembre-se da carta ao longo do dia, prestando atenção às situações, às frases, a outras imagens ou a qualquer outra coisa que se conecte de alguma forma à sua carta.

Outro exercício divertido é pegar todas as cartas de um naipe do seu baralho e colocá-las em ordem numérica. Tendo em mente o significado do naipe, use as cartas para contar uma história, sendo o tema central justamente o significado do naipe. Conte qualquer tipo de história que gostar. Pode ser baseada em sua vida ou algo que lhe cause uma reflexão, pode ser sua vida ideal ou até mesmo algo fictício que seja do seu interesse. O importante é contar uma história que unifique as cartas e reflita o tema. Estas são as principais habilidades na leitura de Tarô. Esta atividade ajuda a praticar as combinações das cartas em uma única mensagem e mostra como a energia do naipe se move através dos números. Alternativamente, você pode pegar todas as quatro cartas do mesmo número e compará-las. Isso ajuda a aprender os significados dos números e a entender as diferenças sutis entre cartas semelhantes, o que pode adicionar nuances às suas leituras.

Como a maioria das pessoas pensam em cartas de Tarô como um organismo vivo individual com significados fixos, os leitores iniciantes geralmente exploram os significados do livro carta por carta. Às vezes, eles se sentem frustrados, porque a leitura não faz sentido. Quando há mais de uma carta em uma leitura, elas se influenciam. Aprender a suavizar as transições entre as cartas em uma leitura é um dos aspectos mais importantes, porém ilusórios, para criar uma mensagem ou resposta útil. Pratique isso embaralhando seu baralho, puxando três cartas e lendo-as como uma história. A primeira carta é o começo da história; a segunda é o meio; e a terceira o fim.

Intercale esses exercícios com leituras reais para você ou para sua família e amigos. Informe as pessoas que você ainda está aprendendo, isso vai diminuir parte da pressão. Se você não tem mais para quem ler e ainda deseja praticar, faça leituras para uma pessoa inventada, pode ser um personagem de um programa de TV, ou para um enredo de um filme que vai ver em breve, ou ainda para uma celebridade ou notícia.

Mantenha o controle de suas leituras, especialmente quando você está aprendendo. Inclua a pergunta, a tiragem usada e quais cartas caíram em quais posições. Escreva suas interpretações e condense todas as suas anotações em uma declaração final e clara. Depois que a situação sobre a qual você leu chegou a uma conclusão, revise a leitura. Observe as interpretações que funcionaram, veja se há cartas que agora interpretaria de forma diferente. Isso não significa que estava errado, mas que está aprendendo. Identificar maneiras de melhorar é parte de se tornar um leitor melhor. Um dos grandes erros que um leitor, novo ou experiente, costuma cometer, é mudar as respostas para torná-las mais positivas. Isto é normal. Todos nós queremos resultados felizes e, quando lemos para outra pessoa, realmente odiamos dar más notícias ou algo que sabemos que vai aborrecê-los. Aprender a comunicar respostas difíceis com compaixão e clareza só é possível mediante a prática e a experiência. Além disso, não se deve presumir que, o que pode parecer uma "má notícia" para você é uma má notícia para o consulente. Podemos supor que a carta da Morte traria más notícias para qualquer pessoa, no entanto, se alguém espera que um casamento infeliz termine ou o sofrimento de um ente querido doente acabe, pode ser considerado uma carta "boa" para eles. Da mesma forma, podemos supor que o Dez de Copas ou de Pentáculos traz uma leitura "boa", mas para alguém que sente que está preso ou não quer estar em um relacionamento sério, isso seria uma notícia indesejada. O melhor que você pode fazer é praticar, pensar em como gostaria de ser tratado e tentar não julgar as informações como boas ou ruins, porque tudo é relativo ao consulente. Revisitar suas leituras vai ajudá-lo a ver até que ponto está inclinado a mudar as respostas.

Dependendo de como você embaralhar as cartas, vai perceber que algumas delas entram na leitura de cabeça para baixo (a parte superior da carta está na parte inferior em relação a você). Estas são as chamadas "cartas invertidas". Alguns leitores desconsideram isso e simplesmente viram as cartas para o lado certo. Outros incorporam as cartas invertidas em suas leituras. A escolha é sua, embora a maioria dos professores sugira que os iniciantes acrescentem inversões somente depois de se sentirem confortáveis em fazer leituras com cartas verticais. Quando você estiver pronto para usar as inversões, use as palavras-chave invertidas para os Arcanos Maiores e Menores listados neste livro. Para as Cartas da Corte, use os aspectos extremos ou negativos, que também vão estar sinalizados neste livro.

Falando em embaralhar, você pode fazer isso como quiser. Não há fórmula mágica. Não é necessário cortar o baralho com a mão esquerda em três pilhas ou algo assim, a menos que queira. Tire as cartas do topo do baralho ou as espalhe, passando a mão sobre elas e escolhendo aquelas que chamar sua atenção ou dar alguma outra indicação de que devem ser escolhidas. Leitores muito intuitivos costumam usar este método em leque.

Ao fazer uma leitura, ainda há alguns passos que vêm antes de embaralhar. A primeira coisa a fazer é pensar sobre o tema de sua leitura. Qual é a situação? Quem são os jogadores-chave? O que exatamente você quer saber? Lembre-se do ditado "não pergunte se não quiser saber". Para testar se você realmente quer saber alguma coisa, imagine como se sentiria ou reagiria se a leitura desse uma resposta que não quer.

Depois de desenvolver sua questão, escolha uma tiragem que possa responder a essa pergunta. O capítulo 6 deste livro inclui algumas tiragens que podem funcionar para grande parte das perguntas, bem como outras mais específicas. A maioria dos iniciantes começa com três cartas. Depois de ganhar experiência, ou se você é um aventureiro ousado, trabalhe com tiragens maiores e experimente ir modificando-as para melhor atender às suas necessidades. Você pode até inventar suas próprias tiragens. Métodos de leituras não são sagrados ou mágicos, trata-se apenas de uma ferramenta, como as cartas, para ajudá-lo a descobrir o que deseja saber.

Você tem sua pergunta e escolheu a tiragem, então agora é hora de embarralhar. Uma vez que suas cartas estejam misturadas (para a maioria dos leitores isso é intuitivo, embora alguns sempre embaralhem o mesmo número de vezes para cada leitura), tire uma carta do topo ou abra as cartas em forma de leque. Coloque uma carta virada para cima em cada posição, conforme indicado na tiragem. Ter todas as cartas viradas para cima dá uma impressão "de relance" e facilita a leitura das cartas em relação umas às outras. Alguns leitores colocam as cartas viradas para baixo e vão virando uma a uma, interpretando-as à medida que avançam. No entanto, isso pode levar a leituras desconexas que soam como aquelas geradas por aplicativos ou por computador.

Antes de iniciar a interpretação, respire lentamente algumas vezes e olhe para as cartas em grupo. Você pode obter muitas informações sobre uma situação antes de interpretar cartas individuais. Observe repetições em números, naipes, símbolos ou até cores. Repetir naipes ou números indicam temas fortes em uma leitura. Por exemplo, vários Ases dizem que a situação tem um forte potencial para um novo começo. Múltiplos Dez permitem que você saiba que uma situação está se aproximando de uma conclusão. Muitas cartas de Copas significam que há muitas emoções envolvidas ou que a situação diz respeito a relacionamentos. Naipes que não aparecem também têm significado. Se você está lendo sobre um romance e não há Copas, mas muitos Bastos, então há muita paixão, mas nenhuma intimidade. Se houver muitos Pentáculos, talvez o casal esteja ficando junto por motivos financeiros. Não tente formalizar esta etapa ou você pode ficar atolado em detalhes. Use um toque leve para desenvolver seus próprios métodos e aprender com mais naturalidade. Há uma ficha de consultas no final deste capítulo com as associações para os naipes e números que uso em minhas leituras. Sinta-se à vontade para usá-las e também para adaptá-las ou alterá-las ao longo do tempo, se sua experiência apresentar conexões diferentes.

Agora que você tem uma visão geral, comece a interpretar as cartas uma a uma, lembrando-se de usar a posição de propagação para moldar o significado final. Isso pode ser tão simples quanto mudar o significado deste livro do presente para o passado ou futuro. Também pode exigir maior reflexão, especialmente se o que você considera uma carta negativa cair em uma posição positiva ou uma carta positiva cair em uma posição negativa. Aprender a fazer isso requer – adivinha... – prática. Você pode encontrar livros que explicam o que cada carta significa em cada posição em uma tiragem específica, e eles são ótimos, mas geralmente mantêm você confiando no livro por mais tempo. É melhor aprender a habilidade de adaptar cartas do que tentar memorizar todas as possibilidades, o que parece uma tarefa impossível.

O passo final é pegar todas as informações que descobriu na leitura e organizá-las de uma forma que dê a você (ou à pessoa para quem está lendo) uma resposta clara e concisa. Muitas pessoas pulam esta etapa e quando terminam de interpretar as cartas ficam com a sensação de que algo foi dito e que provavelmente está tudo bem, mas tudo soa meio vago. Se você começou com uma pergunta clara, terminar com uma resposta clara traz uma boa sensação de conclusão à sua leitura.

Ficha de Consulta: Dicas de Leitura

1. Quando a palavra "você" é usada nas seções de significado e conselhos para as cartas, ela está se referindo a quem se destina a leitura, o que pode não ser você pessoalmente se estiver lendo para outra pessoa.

2. O tempo presente é usado em todo este livro para facilitar a escrita, mas modifique os significados para passado, presente, futuro conforme apropriado à sua tiragem.

3. As descrições de gênero e idade nas páginas da carta ou nas imagens são simbólicas. Gênero é sobre a natureza da energia e idade é sobre experiência relativa.
4. Os significados invertidos para as Cartas da Corte devem ser retirados das palavras-chave negativas mais extremas ou comumente consideradas.
5. Nenhum significado deste livro pode cobrir todas as possibilidades. É seu trabalho como leitor adaptar os significados para proporcionar uma leitura coerente e útil.
6. Para maior transparência e facilidade, faça uma pergunta clara antes de começar.
7. Revise regularmente as pequenas introduções aos grupos de cartas até se familiarizar com eles.
8. Interprete a leitura usando sua intuição ou o que você já sabe antes de procurar o significado.
9. Interprete suas leituras em voz alta. Isso o encoraja a desacelerar, analisar as cartas e formar respostas claras.
10. Anote suas leituras, incluindo a pergunta, a tiragem e as cartas. Reveja a leitura depois que a situação se desenrolar e faça anotações sobre o que foi correto e o que poderia ter sido interpretado de maneira diferente.

Ficha de Consulta: Passos Básicos para a Leitura do Tarô

1. Decida sua pergunta.
2. Selecione uma tiragem. Tente tiragens mais simples no início e explore as mais complexas quando se sentir confiante; você pode encontrar muitos exemplos de tiragens no capítulo 6.
3. Embaralhe suas cartas.
4. Tire as cartas do monte e coloque-as em posição viradas para cima.
5. Olhe para a tiragem como um todo e tenha uma primeira impressão.
6. Observe a repetição de números, símbolos, naipes e fileiras.

7. Observe a ausência de algum naipe.
8. Tire conclusões com base nas etapas 5–7.
9. Interprete cada carta na posição tendo em mente as outras cartas e a pergunta.
10. Consulte as descrições das cartas no livro se precisar de mais orientação.
11. Esclareça a resposta da forma mais concisa possível.

Ficha de Consulta:
Naipes, Números e Palavras-chave

Bastos: vontade, paixão, motivação, projetos, carreira.

Copas: emoções, relacionamentos, intimidade, criatividade.

Espadas: intelecto, razão, comunicação.

Pentáculos: o mundo físico, o corpo, os sentidos, os recursos.

Ás: recomeços, oportunidades.

Dois: relacionamentos, escolhas, decisões.

Três: criatividade, crescimento, trabalho em equipe.

Quatro: estabilidade, estrutura, estagnação.

Cinco: conflito, perda, caos.

Seis: comunicação, resolução de problemas.

Sete: reflexão, avaliação.

Oito: movimento, velocidade, poder.

Nove: conclusão, solidão.

Dez: finais, conclusões.

──── · CAPÍTULO 3 · ────
ARCANOS MAIORES

As cartas dos Arcanos Maiores exigem atenção especial. Elas representam marcos importantes em sua vida, além de conter uma enorme energia arquetípica. Se houver muitos Arcanos Maiores em sua leitura, isso indica que provavelmente há mais coisas acontecendo do que você pensava. O nome e a imagem costumam dar muitas pistas sobre o significado de cada carta. As palavras-chave ajudam a ativar sua memória ou podem ser usadas para referência fácil. Cada carta tem uma interpretação mais longa para guiá-lo no desenvolvimento de uma compreensão mais completa. Além disso, como os Arcanos Maiores são tão cheios de sabedoria, cada carta apresenta um parágrafo sobre o conselho oferecido por aquele arcano. Você pode misturar o conselho em qualquer leitura ou simplesmente puxar uma carta a qualquer momento para obter uma visão imediata. As seções de conselhos também incluem referências aos símbolos da carta relacionados à interpretação que está sendo discutida. Eles estão incluídos para aqueles que estão interessados nos símbolos usados, mas você não precisa memorizá-los para ler as cartas. No entanto, muitos leitores acham que os símbolos ajudam a lembrá-los das interpretações.

0. O LOUCO

Palavras-chave: começos, inocência, liberdade, espontaneidade, aventura, juventude, idealismo, fé, pureza, destemor, descuido, excentricidade, tolice aparente.

Invertida: loucura, tolice, descuido, estupidez, negligência, distração, ingenuidade, imprudência, riscos.

Significado

Você está em uma encruzilhada, diante de uma decisão que pode não ser tão fácil assim. Embora a escolha seja simples – pular ou não pular – também é uma decisão difícil. Você não sabe o que está por vir e pode nem ter uma ideia clara de para onde quer ir, mas não pode negar o desejo, a curiosidade, o fascínio sobre o que poderia ser possível se fosse corajoso o suficiente para dar o salto. Talvez você esteja preocupado em fazer uma escolha tola que os outros não apoiem. Ninguém vai empurrá-lo. Se você vai fazer isso, tem que ser por escolha própria.

Conselho

Você pode não saber onde seu salto vai levá-lo, embora outras cartas dessa leitura possam lhe dar pistas. Se você decidir "pular", o cão branco o avisará de que não está sozinho, mas que seu Eu Superior viaja com você e o avisará do perigo. Leve apenas o necessário, como a pequena maleta da imagem. Isso pode ser mais sobre bagagem emocional ou mental do que itens físicos. A pena vermelha e a rosa branca, respectivamente, lembram você de continuar em frente com intenções puras e seguir sua paixão.

I. O MAGO

Palavras-chave: vontade, talento, habilidade, criatividade, manifestação, comunicação, magia, ação, consciência, poder, desenvoltura, concentração, eloquência.

Invertida: trapaça, manipulação, engano, contrários, mentiras, uso indevido de dons.

Significado

Se você está se perguntando se pode ou não atingir um objetivo específico, o Mago vota sim. Você está pronto para realizar algo mágico. Tem a motivação, o compromisso, o conhecimento e as habilidades para fazer o que estiver considerando. Saber que você tem todo esse poder pode parecer pesado, porque com grandes poderes vêm grandes responsabilidades. Ter confiança em sua decisão ajuda você a se sentir mais confortável para lançar o feitiço, agir ou dizer as palavras que deseja. A linha inferior diz que se quiser fazer alguma coisa, você certamente pode. Apenas certifique-se de que realmente quer.

Conselho

O poder do Mago vem de tudo o que ele acredita ser a fonte da magia, bem como de sua crença. O sinal do infinito em seu chapéu e a posição de seus braços mostram que ele canaliza a energia mágica daquele lugar e a direciona para a terra, para criar mudanças no mundo. Isso é magia. Assim como o Ouroboros, uma cobra comendo o próprio rabo, fazer magia na terra é realmente uma metáfora para o trabalho interior de autotransformação. O vermelho e o branco de suas vestes lembram você de se certificar se está ou não conectado ao seu Eu superior, à sua divindade, a valores mais elevados... ou ao que quer que sirva como sua Estrela do Norte pessoal... para que suas intenções sejam puras e alinhadas com sua vontade. Certifique-se de estar confiante em sua capacidade de trabalhar com os elementos necessários – representados pelos Bastos, Copas, Espadas e Pentáculos – para atingir seu objetivo.

II. A ALTA SACERDOTISA

Palavras-chave: segredos, iniciação, mistério, silêncio, sabedoria, entendimento, intuição, insight, subconsciente, futuro não revelado.

Invertida: conhecimento superficial, segredos, agendas ocultas, paixão, vaidade.

Significado

Você está no limiar de uma Iniciação. Toda Iniciação fornece conhecimentos, entendimentos e sabedoria que não podem ser ensinados ou aprendidos somente através da leitura. Isso só pode ser adquirido através da experiência. Não há como se preparar para este evento. Tecnicamente, cada momento da sua vida o preparou para esta etapa, agora é a hora da verdade, hora de ser testado. É um teste para saber quem você realmente é. Provavelmente o sentimento agora é de incerteza e até de frustração por não saber o que esperar de si mesmo. Sondar as profundezas do que molda o seu ser é um presente, mesmo que não pareça agora.

Conselho

Embora seja difícil se preparar para essa experiência específica, agora você tem ferramentas para ajudá-lo a negociá-la. Abandone suas ideias de preto/branco, verdadeiro/falso, bom/ruim. O caminho entre os pilares preto e branco permite saber que uma área cinza, onde as coisas são mais sutis, porém mais complexas, está diante de você. Conheça seus valores e alinhe-os com suas ações, é o que o pingente de cruz de lados iguais do colar da Sacerdotisa aconselha. A situação pode parecer mundana, mas saiba que é uma metáfora, uma ressonância de uma jornada mais profunda e importante, como indicado pelas romãs de Perséfone estampadas nas mangas do vestido da Sacerdotisa na carta. Confie menos na lógica e mais em sua intuição para ajudá-lo a se conectar com o fluxo do Universo, como o vestido, que se transforma em água na imagem da carta.

III. A IMPERATRIZ

Palavras-chave: abundância, fertilidade, criatividade, prazer, beleza, felicidade, conforto, natureza, maternidade, mãe, nutrição, amor, gravidez, generosidade.

Invertida: dependência, codependência, preguiça, estagnação, asfixia, teimosia, bloqueio criativo, gula.

Significado

Você tem o prazer, a honra e a responsabilidade de criar ou nutrir a abundância. A Imperatriz lhe traz o solo, as sementes, o sol, a chuva e o tempo para planejar e criar uma vida exuberante. Em resumo, os recursos para plantar um jardim estão disponíveis, mas cabe a você seguir adiante e fazer bom uso dessas dádivas recebidas. Parte de honrar esses benefícios inclui apreciá-los e compartilhá-los. A Imperatriz é a governante da Roda da Vida, do nascimento à morte, ao renascimento. Isso significa que o projeto pode ser longo. Mas também simboliza seu próprio poder e força inerentes. Esta carta pode indicar uma resposta positiva a perguntas sobre gravidez ou saúde em geral, bem como questões relacionadas à maternidade.

Conselho

Reconheça que você está nisso por um longo caminho, o que é indicado pelas estrelas no chapéu da Imperatriz, que representam ciclos de tempo. Tenha uma visão clara do que quer criar, como a Imperatriz faz com seu jardim fora da janela. Alimente seu corpo e sua alma para que você tenha um poço profundo de amor, inspiração, força e poder de atração (como sugerido pelas romãs, bolos, chá e travesseiros na imagem da carta). O gato nos lembra que é bom confiar em um bom equilíbrio entre razão e intuição. E o mais importante, lembre-se de aproveitar o que está fazendo, de suas próprias criações e de compartilhar isso generosamente com os outros.

IV. O IMPERADOR

Palavras-chave: estabilidade, estrutura, poder, autoridade, liderança, controle, proteção, mordomia, ordem, patrão, paternidade, pai, ambição, razão, lógica, confiança.

Invertida: tirania, rigidez, flexibilidade, controle, crueldade, abuso de poder, liderança pobre, indisciplina.

Significado

É hora de olhar para o quadro geral. Você tem uma quantidade finita de recursos à sua disposição. Para fazê-los durar ou aproveitá-los ao máximo, é preciso criar um plano. Talvez as coisas estejam fluindo muito bem ultimamente, mas a vida é feita de ciclos e isso significa levar em conta o que você tem e avaliar as necessidades futuras. Isso pode se aplicar às finanças, aos recursos materiais, ao tempo ou à energia. O Imperador contém muita energia ígnea e desejo de ação, mas ele e você devem colocar os desejos pessoais em espera. Neste momento, o bem maior ou a necessidade maior exige sua atenção. O Imperador também pode representar questões de paternidade ou autoridade.

Conselho

Esta não é uma das cartas mais divertidas para muitas pessoas, porque vem com autoridade e responsabilidade, e sua coroa permite que a pessoa saiba que está sendo solicitada a assumir um papel desafiador. Saiba que, como um dragão, você está em posição de proteger qualquer coisa que precisa ser protegida, sejam recursos ou pessoas. E que você, como o fogo, tem o poder de fazê-lo. O trono intrincado sugere que a situação pode ser complexa, mas o cajado com um cristal lembra que você tem a capacidade de dominá-lo, mesmo que prefira fazer outra coisa. Crie sistemas e planos de eficiência. Pese as necessidades *versus* recursos. Tenha em mente metas de longo prazo.

V. O HIEROFANTE

Palavras-chave: educação, ensino, aprendizagem, conhecimento, conformidade, tradição, instituições, identidade de grupo, valores, orientação, ortodoxia, ritos, bênção, *status quo*, convenções sociais.

Invertida: fundamentalismo, repressão, intolerância, medo, culpa, extremismo, restrição, cultos, abuso de posição.

Significado

Talvez você tenha altos ideais, mas não os expressa no mundo. Se não tem certeza de quais são seus valores, então suas ações têm um elemento caótico. De qualquer forma, você está sendo solicitado a conectar suas crenças com seus comportamentos. Você pode se tornar seu próprio Hierofante, ou pode precisar procurar um. O título do Hierofante vem da palavra *hierofania*, que significa "a manifestação do sagrado". Um Hierofante ensina como expressar altas crenças e aspirações espirituais na vida cotidiana. Seu objetivo não é seguir regras arbitrárias, mas conscientemente trazer fé à vida e manifestar o sagrado neste mundo.

Conselho

O Hierofante é como um quiroprático sagrado que ajuda a alinhar seu núcleo. Seja prático como ele, combinando teoria com aplicação no mundo real. Certifique-se de aprender métodos de autorreflexão, sendo mais importante ser honesto consigo mesmo (conforme simbolizado pelas informações na lousa). Suas ações cotidianas apontam para seus verdadeiros valores, representados pela lótus no chapéu, portanto, se estiver confuso sobre seus valores, apenas revise suas ações diárias (incluindo gastos) e tudo ficará mais claro. Se você não gosta do que vê, determine quais valores prefere expressar e, em seguida, mude suas ações para atendê-los. Se você quer ser uma pessoa melhor, um ser mais alinhado e equilibrado, faça com que toda a sua energia se mova na mesma direção.

VI. OS AMANTES

Palavras-chave: escolhas, encruzilhadas, confiança, comunicação, relacionamentos, parcerias, união, amor, afeição, sexualidade, harmonia, engajamento, atração, dualidade.

Invertida: separação, desarmonia, suspeita, ciúme, obsessão, infidelidade, medo do compromisso, perda do amor.

Significado

Você está sentindo muita excitação e talvez alguma inquietação, não é de admirar que a possibilidade de uma conexão importante esteja lhe cercando. Pode ser que o romance esteja no ar e você está sendo cortejado por alguém. Talvez seja um trabalho, um projeto, um grupo ou algum hobby lhe procurando. Você sabe o quanto essa escolha é importante e está pesando os prós e os contras. E está ciente também dos potenciais problemas. Mesmo estando com medo, você quer aceitar, quer se conectar, tornar-se superior. Se sua leitura é sobre amor, esta carta representa um relacionamento profundo e duradouro, em vez de um romance novo e vertiginoso.

Conselho

Os Amantes é uma carta extrema, complexa, abstrata e muito simples. Resumidamente é o seguinte: a dúvida que você enfrenta já foi decidida pelo seu coração. Tudo o que precisa fazer é uma escolha que faça seu coração se sentir feliz e em paz. O aspecto complexo é entender a natureza da conexão que você está prestes a fazer. Duas forças poderosas, representadas pelos pilares verde e amarelo, unem-se e criam algo mais do que a soma das partes simbolizada pelo Pentáculo. A paixão (indicada pelas chamas) é combinada com o discernimento (indicado pelas maçãs, que são fruto do conhecimento do bem e do mal). Reconheça todo esse potencial, respire fundo e estenda sua mão para pegar a mão que lhe é oferecida.

VII. O CARRO

Palavras-chave: impulso, ambição, controle, direção, determinação, sucesso, triunfo, vitória, vontade, movimento, progresso, velocidade, viagem, conquista, batalha.

Invertida: falta de controle, atrasos, oposição, estagnação, falta de direção, agressão, viagem cancelada, problema com o carro.

Significado

Você está se sentindo como se estivesse metaforicamente "empacotado" e pronto para partir? Como você planejou tudo e preparou o que acha que vai precisar? O Carro diz que você aprendeu as lições que precisava, ou pelo menos o máximo que conseguiu; agora é hora de colocar isso em prática. Você se sentirá constrangido e desajeitado, semelhante ao que sentiu quando aprendeu a andar de bicicleta ou a dirigir um carro. E nunca vai desenvolver a maestria, a menos que tome as rédeas de sua vida e vá. Este é o caminho certo para alcançar suas ambições.

Conselho

A carta Carro é única, porque inclui símbolos de cada uma das cartas seguintes: lótus, dragões, estrelas, pilares, união do Sol e da Lua. Isso significa que tudo o que você experimentou até agora vai desempenhar um papel importante para levá-lo ao próximo nível de sua jornada. Não se preocupe em se sentir fora de sua intensidade, isso é natural. Você nunca vai descobrir o que precisa ser ajustado sem fazer um teste. Caso sinta que os acontecimentos não estão indo tão bem quanto gostaria, entenda que podem ser duas coisas: ou você simplesmente precisa de mais experiência para obter a graça que deseja, ou ainda está inserido a uma lição passada. Revise as cartas de I a VI e veja se consegue identificar em qual área precisa trabalhar.

VIII. A FORÇA

Palavras-chave: força, gentileza, paciência, compaixão, cura, integração, coragem, coração, controle, disciplina, fortaleza, confiança, potência, virilidade, luxúria, instinto, habilidade, maestria.

Invertida: fraqueza, arrogância, força, covardia, medo, timidez; falta de disciplina, de controle ou de paciência.

Significado

Você está enfrentando algumas batalhas difíceis agora e vai precisar reunir toda força que puder. Os ataques podem vir de outras pessoas, de pressões vindas do seu trabalho ou de sua própria sombra. Ou seus medos vão lhe engolir (e ninguém quer isso) ou você vai encontrar uma força de caráter, de mente, de coração, de alma que supera qualquer coisa que já tenha imaginado anteriormente. O tipo de força necessária não é a força bruta, mas, sim, um poder ainda mais potente, que deriva da compaixão e da compreensão. Tentar controlar a situação pode funcionar a curto prazo, mas para obter benefícios a longo prazo, você terá que explorar as raízes profundas desse problema.

Conselho

Trabalhe a sua sombra procurando as partes de si mesmo que foram negadas ou consideradas indignas. Aquelas partes do seu ser escondidas como um tesouro, guardadas como um dragão, mas que você precisa para ser a pessoa que veio aqui para ser, e que o mundo precisa desesperadamente. Encontre as feridas, examine-as com amor (representadas pelas rosas vermelhas em sua tiara), cure-as com compaixão e compreensão (simbolizadas pelo vestido branco) e reivindique sua parte perdida. Se você está lidando com outras pessoas, estenda esse mesmo amor a elas. Crie um espaço cheio de magia, como aquele da varinha na mão da Força, onde você ou outra pessoa possa realizar a cura, porque essa é a maior força de todas.

IX. O EREMITA

Palavras-chave: solidão, introspecção, filosofia, meditação, retirada, contemplação, sabedoria, orientação, busca, misticismo, privacidade, prudência.

Invertida: introversão, agorafobia, ostracismo, exílio, paranoia, solidão, isolamento, retraimento extremo, autoabsorção.

Significado

Sua vontade é a de ficar sozinho? O Eremita diz que sim. Você precisa se retirar e eliminar todo o barulho do mundo exterior. Tendo ou não uma decisão específica a tomar. Parece mais que você está saturado e precisa digerir as coisas. Esta carta tem três fases. Primeiro, você cria espaço e tempo para poder ficar sozinho por qualquer período que puder, seja por uma noite ou por um tempo maior. Em segundo lugar, sem trazer mais informações externas e trabalhando apenas com seus pensamentos e sentimentos, chegue a uma conclusão sobre tudo o que você está considerando. E por último, volte à vida normal e ofereça o que descobriu como presente à sua comunidade. Essas podem ser revelações que você precisa compartilhar ou talvez sirva para seu próprio comportamento aprimorado e mais autêntico.

Conselho

Tente manter seu tempo sozinho o mais limpo possível. A localização montanhosa e remota da imagem sugere evitar interagir ou conversar com outras pessoas. Isso inclui ler, assistir televisão ou ouvir novas informações por qualquer meio. Elimine as distrações. Comprometa seu foco, como a luz da lanterna, a vasculhar todas as informações que você já possui, representadas pelos itens no cajado. Você está sendo chamado para encontrar seu eu autêntico e não pode encontrá-lo através dos olhos dos outros. A jornada do Eremita não é fácil e pode ser solitária. Você consegue; é apenas temporário. A maioria dos humanos não deve ficar no modo Eremita por muito tempo.

X. A RODA DA FORTUNA

Palavras-chave: fortuna, acaso, ciclo da vida, oportunidade, destino, casualidade, boa sorte, movimento, ponto de virada, evento anual.

Invertida: má sorte, fora de controle, infortúnio, fracasso, revés inesperado, reversão, atraso, repetição de ciclos insalubres.

Significado

Para tudo existe uma estação, e a Roda da Fortuna nos lembra disso. No entanto, nossa experiência de vida não é apenas uma roda. A vida é circular: uma vida inteira, um ano, uma estação... seu tempo passado na infância, sua época de estudante, seus relacionamentos, interações familiares com irmãos, pais, avós ou assumindo um determinado papel profissional. A roda vertical diz que o que está por vir faz parte do ciclo natural e não deve ser uma surpresa (esse é o trabalho da Torre). Quando as coisas estão fluindo como deveriam, há um sentimento de "perfeição", e essa sensação influencia o significado desta carta como se fosse "sorte". Então, se isso está acontecendo, as coisas vão fluir de maneira natural e talvez você tenha também um pouco de sorte extra especial!

Conselho

Às vezes, o fluxo normal da vida inclui acontecimentos que podemos associar com a parte baixa da roda: morte, finais, coisas desmoronando. A Roda continua girando e não há como pará-la. Nem a morte a impede, porque a matéria se decompõe e se torna algo novo. Você pode controlar muitas coisas em sua vida, mas não tudo. Ao se deparar com as inevitáveis viradas da Roda da Fortuna, saiba que sempre é possível controlar suas respostas para o que pode aparecer em seu caminho.

XI. A JUSTIÇA

Palavras-chave: justiça, carma, causa e efeito, igualdade, verdade, responsabilidade, integridade, equidade, julgamento, contrato, ação judicial, processo, julgamento.

Invertida: injustiça, desequilíbrio, desonestidade, hipocrisia, complicações, abuso de poder, burocracia, más decisões.

Significado

Você espera que a vida seja justa? A vida não é justa e esta carta não é sobre "igualdade". Não podemos dizer que, mesmo antes do nascimento, duas pessoas tenham quantidades exatamente iguais de qualquer coisa, muito menos de tudo. Martin Luther King Jr. disse que o arco moral do Universo é longo e se inclina para a justiça. Esta carta é sobre a verdadeira justiça, sobre fazer o que é certo, sobre restaurar o equilíbrio e assumir responsabilidades pelas ações. Dependendo do seu comportamento, esta carta pode ser bem-vinda ou temida. Pode parecer que você não consegue ver a justiça em ação, porque às vezes demora um pouco ou a história toda ainda não chegou ao seu conhecimento. A linha inferior desta carta é que, seja qual for a cama que você fez, é hora de dormir nela.

Conselho

Primeiro, certifique-se de não achar que justiça é sobre igualdade. Isso não é realista nem muito maduro. Se você tem a certeza de que suas ações estão alinhadas com seus valores mais elevados, mantenha sua posição e confie que a justiça vai acabar prevalecendo. Quando isso acontecer, seja o mais gentil possível. Se você sabe que não se comportou de acordo com seus ideais, não tente argumentar ou se defender. A balança diz que é hora de reconhecer o erro e aceitar as consequências. A espada e a varinha na imagem da carta lembram que é melhor aprender com a experiência e resolver viver de forma mais impecável no futuro.

XII. O PENDURADO

Palavras-chave: reversão, desapego, sacrifício, suspensão, rendição, retirada, restrição, crise, atraso, contenção, desapego, iluminação, transformação, iniciação.

Invertida: limbo, martírio, indecisão, autossabotagem, mesquinhez, punição, prisão, traição.

Significado

No começo você pode se sentir muito desconfortável e um pouco em pânico. Estar no limbo nunca é divertido e, de fato, a maioria das pessoas faz leituras de Tarô, porque não consegue esperar por um resultado. Elas querem saber, para o bem ou para o mal, o que virá. O Pendurado diz que não, agora não é hora de saber, pelo menos não imediatamente. Esta carta é um processo que começa com um aperto firme. Uma vez que o desconforto inicial desapareça ou você se acostume com ele, começa a ver o mundo de um ponto de vista diferente. A experiência termina com a revelação. Liberar o controle e adaptar-se às circunstâncias ajudam você a obter uma compreensão mais profunda que não poderia obter de outra forma.

Conselho

Como a postura relaxada do Pendurado sugere, não tente lutar neste período de não poder fazer nada. Aceite que não é o momento de saber o que vai acontecer ou sobre o que exatamente é essa experiência; entenda que o conhecimento é, assim como os livros da casa na imagem, inacessível para você agora. Quanto mais relaxar, respirar e observar tanto o mundo ao seu redor quanto seu funcionamento interior, mais facilmente os momentos difíceis passarão. Não é somente isso, mas é essencial esperar se você quiser os dons da percepção e da compreensão prometidos por esta carta, representados pela luz do sol atravessando as árvores e as mãos do Pendurado tocando a água. Veja isso como o presente que é, mesmo que você tenha que sacrificar sua zona de conforto para merecê-lo.

XIII. A MORTE

Palavras-chave: morte, renascimento, finais, mortalidade, perda, mudança, fracasso, destruição, corte de laços, transições, transformação, força inexorável, eliminação.

Invertida: desesperança, decadência, corrupção, depressão, inércia, controle.

Significado

A morte é parte natural da vida. Esta carta geralmente não representa a morte física (embora possa), porém, mais frequentemente, ela fala sobre uma conclusão, um tempo de transformação ou de liberação. Você pode não gostar; finais e mudanças são sempre difíceis, mesmo sabendo que se trata de algo positivo ou do nosso interesse. Quando esta carta aparecer, esteja ciente de que, se algo precisar sair de sua vida, ele o fará. Embora a morte real possa ser repentina, no Tarô, a carta da Morte é mais orgânica, então o final que você está enfrentando não deve ser uma grande surpresa. Isso não significa que você não vai chorar, lidar com a dor e trabalhar para voltar ao equilíbrio. Significa que uma transformação gloriosa está no seu horizonte.

Conselho

Você pode, como o homem na imagem da carta, sentir medo ou querer resistir a essa experiência, mas tente sentir a verdadeira natureza deste arcano. É possível encontrar bondade, compaixão e amor na Morte, como demonstra a carta. Essa experiência também pode ser uma limpeza, liberando o que está feito e retendo apenas o que é puro e essencial, como representado pelo manto preto e as rosas brancas na imagem. Esteja aberto para explorar como é esse encontro com a Morte. Aja e reaja, mova-se, deixe fluir e esteja disposto a dançar com a Morte. Encontre a graça. Não se preocupe se você se sentir mudando, criando asas como uma fênix saindo das chamas, assim como o homem na imagem.

XIV. A TEMPERANÇA

Palavras-chave: temperança, autocontrole, equilíbrio, moderação, harmonia, síntese, paciência, saúde, combinação, mistura, gestão, unificação, sinergia, guias, anjos.

Invertida: desequilíbrio, excesso, temperamento, relacionamento unilateral, diferenças irreconciliáveis, foco a curto prazo.

Significado

Você está no lugar certo na hora certa e tudo que faz parece perfeito e elegante. O sentimento é de magia e conexão. A Temperança é uma carta de equilíbrio perfeito e gracioso. Equilíbrio nem sempre significa medidas iguais de algo; é muito mais sutil do que isso. É um estado de autocontrole através da moderação. Às vezes, as estrelas se alinham e você alcança esse fluxo extraordinário aparentemente por acidente. Mas frequentemente, isso se deve ao fato de ter prestado atenção às circunstâncias, ao seu ambiente, a si mesmo e aos seus objetivos. Desta forma, é possível saber quando se ajustar para acomodar mudanças em qualquer situação, no ambiente, em si mesmo ou em seus objetivos. Se você puder se mover pelo mundo mantendo esse estado, sempre agirá com confiança.

Conselho

A Temperança aconselha você a fazer o que precisa para fluir com o Universo, como a *lemniscata* que ela está criando na imagem. Certifique-se de estar firmemente ancorado, emocional e fisicamente, como representado por seus sapatos com símbolos da Água e da Terra neles. Suas taças de ouro e prata sugerem que há uma combinação de medidas apropriadas entre razão e intuição. O triângulo vermelho lembra você de ter a certeza de que sua vontade é forte. Seja claro e siga seus ideais mais elevados que o guiam como o símbolo do sol em seu chapéu. Como se não bastasse, faça tudo isso sem se esforçar, mas sempre em um lugar de paz, como a mulher da imagem. Isso prepara o terreno para um processo alquímico que transmuta chumbo em ouro e eleva você em direção ao seu melhor Eu.

XV. O DIABO

Palavras-chave: servidão, obsessão, materialismo, tentação, sombra, medo, dúvida, mentiras, violência, desvio, ignorância, sexualidade, desesperança, falta de opções, prisão, bode expiatório.

Invertida: abuso, vício, violência, maldade, fraqueza, desapego, libertando-se, recuperando o poder.

Significado

O diabo não é uma força externa que o obriga a fazer "coisas". Cada um faz as suas próprias escolhas. Resumindo, esta carta informa que você escolheu se vincular a um comportamento, pessoa, situação ou maneira de pensar que não é saudável e não está de acordo com seus valores. Essas possibilidades não incluem apenas coisas óbvias, como dependência de drogas ou relacionamentos abusivos. Pode ser um trabalho que suga sua alma ou uma mentalidade de pobreza. Mesmo as coisas que consideramos positivas ou saudáveis podem se tornar uma armadilha, como uma necessidade compulsiva e obsessiva de se exercitar, por exemplo.

Conselho

As coisas se tornam problemas no nível do Diabo, porque são tentadoras e nos dão algo que achamos que queremos. É por isso que temos um Diabo atraente aqui. É importante saber que você não está fadado a ficar preso. Talvez até precise de ajuda, mas pode se libertar, assim como o homem e a mulher da carta se tornaram livres. Quanto mais tempo determinado comportamento dura, mais forte ele fica. Como as varinhas da imagem que alimentam o Diabo, suas ações e pensamentos estão alimentando a conexão entre você e aquilo a que está vinculado. Quando um problema atinge o estágio do Diabo, ele é grave e pode parecer assustador, avassalador ou impossível de ser superado. Isso só é verdade se você acreditar e se recusar a pedir ajuda. Claro, isso pode ser difícil, porque a vergonha é uma grande parte das artimanhas do Diabo.

XVI. A TORRE

Palavras-chave: mudança repentina, agitação, adversidade, queda, destruição, catástrofe, miséria, desastre, ruína, caos, liberação, despertar, liberdade, fuga.

Invertida: medo da mudança, agitação prolongada, obstáculos, dificuldades, perdas, opressão, prisão, tirania.

Significado

A Torre traz mudanças inesperadas. O edifício representa uma visão de mundo que você construiu ao longo dos anos. Inclui tudo em que confia, tudo o que acredita ser verdade e tudo o que o faz se sentir seguro e protegido. Porque parece ser uma parte intrínseca sua, da qual não se pode imaginar a vida sem ela. Embora tenha funcionado bem por um tempo, isso não lhe serve mais. Algumas coisas não são mais saudáveis para você. Esta carta promete uma lousa limpa, o que é maravilhoso, mas primeiro é preciso enfrentar a destruição, lidar com suas emoções e avaliar o que resta. Somente então vai poder começar a construir novamente.

Conselho

Uma vez que a Torre explodir, você pode ter um pouso difícil, como uma pessoa caindo de um prédio. Então tente encontrar uma maneira de pousar o mais seguro possível. Isso pode ser difícil, pois você não terá muito tempo; uma mudança como essa geralmente acontece rápido como um relâmpago. Esteja preparado para questionar tudo em que você acreditou, porque tudo será escancarado, como os livros aqui. Sua maneira de pensar será alterada, representada pela queda da torre em forma de chapéu. Tente aceitar o que está acontecendo. Não tente esconder muito de sua antiga vida. Escolha apenas as coisas que ainda são saudáveis e benéficas. Mesmo que você ainda não veja como, essa experiência trará presentes e oportunidades.

XVII. A ESTRELA

Palavras-chave: esperança, fé, cura, purificação, renovação, orientação, paz, bênção, tranquilidade, serenidade, inspiração, otimismo, felicidade, promessas, desejos.

Invertida: falta de fé, desesperança, desânimo, sentimento de perda, sonhos desfeitos, esperanças frustradas, desejos não realizados, oportunidades perdidas.

Significado

Você passou por uma experiência difícil e provavelmente está se sentindo bastante arruinado. A Estrela promete um alívio mais que necessário. Sob sua luz suave, suas feridas são aliviadas, sua mente se acalma e seu coração é confortado. Se você está culpando a si mesmo ou aos outros, esta é uma boa oportunidade para o perdão e a cura. Após a triagem inicial, quando é possível realmente pensar novamente, você pode se sentir perdido, sem saber qual caminho seguir. Assim como os marinheiros navegaram pelos mares guiados pelas estrelas, você também vai encontrar orientação aqui.

Conselho

O conselho mais importante para a Estrela é ser gentil consigo mesmo e não apressar o processo de cura. Nossa cultura mal tolera tirar um dia de folga quando se está doente, então a maioria de nós tem dificuldade em tirar um tempo para realmente se curar, seja física, mental, emocional ou espiritualmente. Há tempo suficiente, como a água sem fim caindo das taças na imagem da carta, então permita que a cura se derrame sobre você. Não se apresse, ou então pode perder o grande presente que é encontrar a sua Estrela do Norte. Depois de uma experiência traumática, não vá em qualquer direção. Encontre sua estrela guia. Aprenda sua localização para que você possa segui-la a qualquer momento, não importando as circunstâncias. Se você mergulhar totalmente no significado desta carta, vai encontrar a verdadeira magia e sabedoria simbolizadas pela íbis.

XVIII. A LUA

Palavras-chave: segredos, ilusão, engano, imaginação, mistério, subconsciente, confusão, falsidades, ciclos, perplexidade, ansiedade, insegurança, sonhos, pesadelos, visões, habilidade psíquica.

Invertida: segredos revelados, mistérios desvendados, insônia, problemas para dormir, irracionalidade, sombras, perigo.

Significado

A Lua pode parecer romântica, misteriosa, inspiradora, sinistra, assustadora ou até mesmo macabra. Ela aumenta os nossos dons de intuição e criatividade. Provoca medos. Cria ilusões. Como a Lua parece mudar no céu a cada noite, crescendo e minguando ao longo de seus ciclos, esta carta indica uma situação mutável. O que é uma verdade hoje pode não ser amanhã. A Lua reflete a luz, mas é sombria e esconde tanto quanto revela. Coisas que parecem adoráveis ao luar podem ser monstros à luz do dia e vice-versa. Se você está se sentindo incerto e confuso, não se culpe. As coisas realmente estão obscurecidas.

Conselho

Como você sabe que sob a luz da Lua as coisas não são necessariamente o que parecem, evite tomar decisões importantes neste momento. É provável que você não tenha todos os fatos e talvez alguns dos que tenha não sejam reais. Em outro nível, esta carta nos leva a enfrentar os medos. De fato, com este arcano, muitas vezes nossos maiores medos entram em jogo, simbolizados pela enorme lagosta na imagem da carta. Não deixe que seus medos o distraiam ou o forcem a tomar decisões das quais possa se arrepender mais tarde. A Lua muda a cada noite, portanto, esse tempo de confusão também mudará. O melhor que você pode fazer é ter fé e esperar.

XIX. O SOL

Palavras-chave: felicidade, alegria, diversão, otimismo, entusiasmo, glória, clareza, consciência, sucesso, celebração, energia, vitalidade, boa sorte, grandeza, vida.

Invertida: ego, falsas impressões, felicidade tardia, depressão, esgotamento, superexposição, seca, sucesso parcial, vitória incompleta.

Significado

O Sol é uma das cartas mais simples do baralho e representa um momento de alegria, condescendência e clareza. Você tem um forte senso de saber exatamente quem é e da melhor maneira possível. Você sabe onde quer ir e o que quer fazer. Como um bônus, tudo parece alegre. O Sol significa luz, vida, visão clara, alegria, um forte senso de si mesmo e certeza de vontade. Você sabe que pode confiar em si mesmo. Ver as coisas funcionando sem dúvida pode ser muito libertador. O mais legal de tudo é que você não ganhou nada disso. Estes direitos são seus de nascimento como ser humano. E neste momento, você os está desfrutando ao máximo.

Conselho

Quando você está sob a luz do sol, sente simplesmente que aquilo é bom. O cavalo branco na imagem sugere que suas intenções são puras e você está feliz em segui-las por onde quer que elas levem. Seus pensamentos estão em um lugar de luz, vida e amor, simbolizados pelos girassóis no chapéu da mulher. Sua vontade está criando magia no mundo, como o fogo de seu cajado. Você se sente livre de dúvidas. Tudo isso é tão bom. Aproveite o máximo que puder, deixando que toda essa luz e calor preencham sua alma. Guarde essa luz para que você tenha alguma coisa para aproveitar quando os tempos estiverem mais escuros.

XX. O JULGAMENTO

Palavras-chave: renascimento, renovação, rito de passagem, chamado, vocação, despertar, mudança, decisão, perdão, redenção, absolvição, julgamento.

Invertida: dúvidas, abandono da vocação, ignorar um chamado, evitar mudança, feridas não curadas, falta de perdão, atraso.

Significado

A inatividade parece aumentar muito lentamente à medida que entra na rotina e na aceitação. De repente você se sente entorpecido. A vida se torna pesada e carece de alegria e significado. Felizmente é hora de acordar. Por baixo das camadas de hábitos ruins e tédio, está uma parte sua que sabe por que veio a este mundo e que quer viver seu propósito. O Universo também quer que viva seu propósito. Assim, o Universo chama sua alma e sua alma responde, reconhecendo a verdade. Literalmente, o sentimento agora é como se tivesse acabado de receber um grande chamado para o despertar. Claro, você decide se quer responder ou não.

Conselho

Os livros são maravilhosos, mas a natureza estática de sua forma em papel também pode simbolizar uma prisão em uma rotina, podendo se tornar uma espécie de caixão, uma caixa dentro da qual você reside. A sabedoria é um ser vivo (simbolizada pela coruja na imagem) e chama por você. Tire seus olhos dessas páginas, do ideal e do teórico, e ouça com a alma. Esqueça o que sempre foi e abra-se para o novo, algo vivo, de maneiras que você nunca imaginou. Aqui está uma oportunidade para suas ações e ideais, sua vida cotidiana e o propósito de sua alma se conectarem, como a prata e o ouro da árvore da carta. O conselho aqui é simples: ouça a chamada e responda com um grande "Claro que sim!"

XXI. O MUNDO

Palavras-chave: completude, sucesso, perfeição, conquista, realização, vitória, recompensa, unidade, inteireza, realização, finais e começos, celebração, centro das atenções, viagem.

Invertida: atrasos, hesitações, falsas partidas, estagnação, rotina, trabalho incompleto, falta de fechamento.

Significado

A vida é cheia de começos e finais, alguns felizes, outros tristes. Você chegou a um final que é realmente uma grande conquista. Um objetivo definido para si mesmo agora é uma realidade. A jornada foi longa e nem sempre fácil, mas agora que a completou, sabe que valeu a pena. A mudança foi fundamental, de maneira que moldará a pessoa que você vai se tornar. As lições aprendidas, as habilidades adquiridas e as ferramentas reunidas vão ajudá-lo em sua próxima grande aventura.

Conselho

Depois de dedicar tanto tempo e energia a um projeto de longo prazo, pode parecer estranho encerrá-lo. Talvez você não saiba o que fazer consigo mesmo. Pode haver um forte desejo de pular para o próximo grande desafio imediatamente. Tente resistir a essa tentação e apenas aproveitar sua vitória, que é simbolizada pela coroa de louros na carta. Deixe sua paixão se acalmar em um ritmo natural e de descanso, como a fita vermelha repousando na coroa de louros. Na verdade, deixe toda a sua energia descansar e encontre o equilíbrio, assim como a sílfide, a ninfa, a salamandra e o gnomo representam a energia elemental encontrando um lugar no círculo. Uma vez que você tenha dado tempo suficiente para celebrar e se recuperar, olhe ao redor, avalie suas opções e dê o primeiro passo em direção à sua próxima aventura.

CAPÍTULO 4
ARCANOS MENORES

Os Arcanos Menores, compostos pelas cartas numeradas de 1 a 10 em cada um dos quatro naipes, são a maior parte do baralho de Tarô. Essas cartas representam as atividades do dia a dia. O grande presente do Tarô é que essas cartas podem contar todas as histórias da vida humana. Nelas, podemos encontrar todos os nossos amores e perdas, alegrias e tristezas, triunfos e fracassos.

Cada naipe representa uma área diferente da vida. Os Bastos mostram o que nos move e nos inspira. O naipe de Copas reflete nossas emoções, bem como nossos relacionamentos, que são conexões emocionais uns com os outros. Espadas revelam o funcionamento de nossa mente, que pode ser nossa melhor amiga ou pior inimiga. Pentáculos nos falam sobre nossos recursos, nosso corpo e nossa relação com o mundo físico. Os números nas cartas também estão relacionados com o que enfrentamos na vida cotidiana, como escolhas, caos, ordem, necessidade, prosperidade, avaliação, conexão, solidão.

Para facilitar o aprendizado e eliminar o movimento para frente e para trás ao fazer referência às cartas, cada Arcano Menor inclui as palavras-chave do naipe e uma descrição do que o número representa. As cartas são agrupadas por seus números para que seja mais fácil ver suas semelhanças e diferenças.

ÁS

Como a primeira carta de cada naipe, o Ás representa novos começos. Os recomeços estão carregados de potencial, apenas esperando para serem realizados. É fácil desconsiderar algo tão diminuto quanto um Ás, porque não percebemos o quanto existe dentro daquela pequena faísca. São como bolotas que guardam dentro de si um carvalho inteiro... e até uma floresta inteira de árvores, porque a árvore que pode crescer também dará muitas bolotas. Se você obtiver um Ás em uma leitura, reconheça seu potencial e saiba que você tem a capacidade de colocá-lo em bom uso.

Como os quatro Ases são oferecidos por uma mão sem um corpo nas cartas, eles são considerados presentes. Enquanto são dados livremente, devem ser aceitos. Você sempre pode optar por ignorá-los. Mas não demore muito a decidir. Outra característica dos Ases é que eles existem apenas por um curto período de tempo. Pegue-o ou ele desaparecerá em breve.

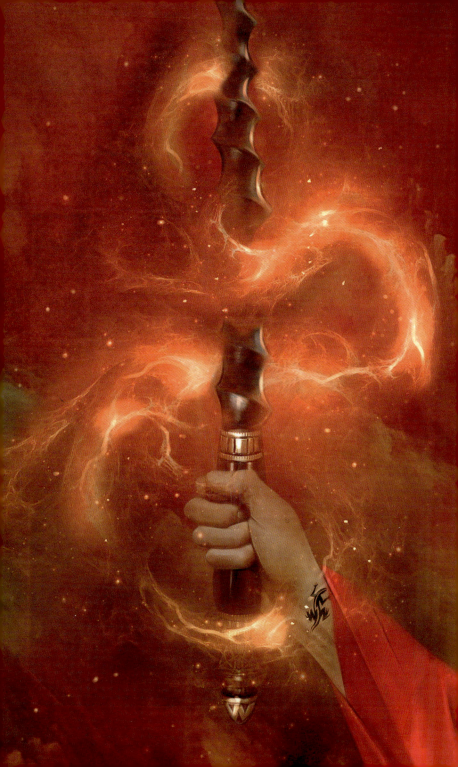

ÁS DE BASTOS

Palavras-chave: desejo, paixão, vontade, impulso, inspiração, potência, energia, empreendimento, confiança, coragem, otimismo, estabelecimento de metas, invenção.

Invertida: atraso, insatisfação, falta de energia, impotência, oportunidade perdida.

Bastos representa o fogo, a vontade, a paixão, a coragem, a motivação, a carreira, os projetos, as metas, os desejos, a ação.

Os Ases representam um novo começo, um presente, uma oportunidade com muito potencial. Eles são dados livremente e devem ser aceitos e usados ou desaparecem. Use-os bem!

O Ás de Bastos entra em sua vida com uma explosão de energia, pulsando com inspiração e afirmação. Se você está pensando em fazer algo, esta carta grita "faça!" Sua vontade é o ponto de partida de toda ação e de toda magia. O poder do fogo não lhe diz o que fazer; afirma que você pode fazer o que quiser.

Se você está se sentindo preso, este Ás sugere fazer algo, qualquer coisa, para canalizar a energia que está sendo oferecida. Caso não tenha ideia do que quer fazer, tente qualquer coisa, tome algum tipo de ação, para que você possa experimentar a energia do elemento Fogo. Isso por si só pode inflamar sua paixão e ajudá-lo a encontrar seu caminho. Esse é o presente em si.

ÁS DE COPAS

Palavras-chave: relacionamento, paz, amor, cura, graça, criatividade, alegria, emoções avassaladoras, intuição, uma emoção, perdão.

Invertida: separação, ressentimento, amargura, estagnação, falta de conexão, rejeição do Espírito, uma oportunidade perdida.

Copas representa a água, a alma, os relacionamentos, as emoções, a criatividade, a imaginação, os amigos, a família, a receptividade.

Os Ases representam um novo começo, um presente, uma oportunidade com muito potencial. Eles são dados livremente e devem ser aceitos e usados ou desaparecem. Use-os bem!

O Ás de Copas traz uma renovação que extingue a alma. Seja o que for que seu espírito precisar, você vai encontrar neste presente. Amor, cura, graça, criatividade... seu balde espiritual está prestes a transbordar. Nossas almas e emoções abastecem nossas ações e nossa magia, então esteja preparado para se sentir mais poderoso da maneira mais benéfica. Se você se sentiu esgotado, certifique-se de beber mais profundamente para reabastecer seu bem.

Esta carta também pode marcar o início de um novo relacionamento ou uma conexão. Mantenha os olhos e o coração abertos para um novo amigo, romântico ou platônico. Talvez você precise de um novo relacionamento consigo mesmo. Se assim for, este Ás gentil oferece perdão e talvez você possa estender um pouco disso a si mesmo.

ÁS DE ESPADAS

Palavras-chave: Lógica, intelecto, razão, verdade, vitória, decisão, clareza, plano de ação, justiça, conhecimento, comunicação.

Invertida: Indecisão, lógica defeituosa, reação instintiva, falta de comunicação, confusão, falha, injustiça, oportunidade perdida.

Espadas representam o ar, a mente, o intelecto, a lógica, os pensamentos, a comunicação, a verdade, os problemas, as soluções, a ação.

Os Ases representam um novo começo, um presente, uma oportunidade com muito potencial. Eles são dados livremente e devem ser aceitos e usados ou desaparecem. Use-os bem!

Se você está procurando uma solução ou uma nova ideia brilhante, o Ás de Espadas elimina problemas e confusões com facilidade. A clareza é um grande presente que o ajuda a organizar seus pensamentos e a se comunicar com os outros. Como uma ferramenta do intelecto, a Espada representa sua capacidade de entender e aprender, o que é essencial para a ação e a magia eficazes. Use este dom para desenvolver uma estratégia que vai lhe permitir alcançar seus desejos.

A Espada é de dois gumes, tornando-a mais poderosa e mais perigosa. É importante gerenciar seus pensamentos e ter cuidado com suas palavras ou você pode causar danos a si mesmo ou aos outros. Esta carta também está associada a ideias sobre a verdade, outro assunto complicado. Tenha cuidado para deixar a verdade guiá-lo, mas também seja flexível. A "verdade" pode parecer absoluta, mas muda à medida que você cresce.

ÁS DE PENTÁCULOS

Palavras-chave: abundância, recursos, dinheiro, riqueza, saúde, conforto, prazer, criação, sorte, atingir metas, preparação.

Invertida: falta, recursos perdidos, preocupações físicas, busca de dinheiro por si só, oportunidade perdida.

Pentáculos representam a terra, o corpo, a diligência, os recursos, o mundo físico, a criação/manifestação, a receptividade.

Os Ases representam um novo começo, um presente, uma oportunidade com muito potencial. Eles são dados livremente e devem ser aceitos e usados ou desaparecem. Use-os bem!

Hoje é seu dia de sorte! A tradição nomeia o Ás de Pentáculos como uma das cartas mais favoráveis do baralho, porque ela contém potencial para crescimento material e espiritual. O Pentáculo é um símbolo mágico e poderoso, contendo todos os quatro elementos e espírito dentro do círculo da vontade humana. O que quer que você comece durante esse período florescerá de maneiras que você nem pode imaginar.

A preparação é um aspecto muitas vezes esquecido dos pentáculos, e é importante para nossas vidas mundanas e mágicas. Nossas vidas são salpicadas de espontaneidade, mas a maior parte da vida acontece por meio de planejamento e prática. Não importa o quanto deseja algo, o quão forte se sente sobre isso, ou quais grandes ideias têm – se você não juntar tudo isso com ações práticas, seus sonhos terão dificuldade em se manifestar.

DOIS

A vida é cheia de escolhas. Ter a capacidade de fazer as próprias escolhas é uma parte importante da nossa liberdade. No entanto, temos que tomar centenas de decisões todos os dias e, às vezes, usamos toda a nossa energia para essa tomada de decisão. Podemos estar enfrentando uma decisão que simplesmente não conseguimos descobrir como abordar. Talvez tenhamos que fazer uma escolha em nossa vida amorosa, carreira ou situação doméstica. Talvez precisemos descobrir as palavras certas para nos comunicarmos de maneira eficaz.

O Dois fala sobre escolhas e decisões, particularmente aquelas que irão perturbar o *status quo* (o estado natural das coisas) e levar nossas histórias adiante.

As cartas não demonstram apenas que é necessário fazer uma escolha, algo que você provavelmente já sabia antes de ter começado esta leitura. O Tarô é muito mais legal que isso. De qualquer maneira que o número Dois se apresente, ele vai fornecer uma pista sobre como você deve tomar uma decisão. O Dois aponta o problema e fornece a solução.

DOIS DE BASTOS

Palavras-chave: visão, energia, autoridade, habilidade, determinação, domínio, intenção, proposta, decisão de negócios ou carreira, confiança.

Invertida: indecisão, confusão, falta de visão, perdas de negócios.

Bastos representa o fogo, a vontade, a paixão, a coragem, a motivação, a carreira, os projetos, as metas, os desejos, a ação.

O Dois fala de escolhas e decisões. Uma decisão precisa ser tomada e o estado natural das coisas precisa ser perturbado antes que os eventos possam avançar. O naipe da carta é uma pista sobre como tomar essa decisão.

Ter muitas opções (e mesmo duas podem ser demais) pode ser esmagador, muitas vezes causando paralisia. O Dois de Bastos aconselha você a escolher com base em sua paixão. No entanto, todos sabemos que nem sempre é tão fácil quanto parece. A verdadeira escolha aqui é entre sua verdadeira e falsa paixão. Considere se um desejo vem de sua vontade mais profunda (verdadeira paixão) ou foi imposto a você por outros, pela sociedade ou por suas próprias feridas emocionais (falsa paixão). Bastos também é o naipe da coragem e você vai precisar disso para tomar a decisão certa.

Se você deseja iluminar o mundo com magia, escolha um caminho que envolva seu coração com autenticidade e que lhe dê forças para ultrapassar os limites de sua coragem.

DOIS DE COPAS

Palavras-chave: união, parceria, conexão, paixão à primeira vista, harmonia, amor, sentimento de amor, alma gêmea, atração, romance.

Invertida: discórdia, discussão, amor não correspondido, repulsa, rejeição, lentes cor-de-rosa (falsa realidade).

Copas representa a água, a alma, os relacionamentos, as emoções, a criatividade, a imaginação, os amigos, a família, a receptividade. O Dois fala de escolhas e decisões. Uma decisão precisa ser tomada e o estado natural das coisas precisa ser perturbado antes que os eventos possam avançar. O naipe da carta é uma pista sobre como tomar essa decisão.

Sua escolha aqui é a de se conectar ou não a uma pessoa, grupo, ideia ou atividade. A decisão de se juntar a outra pessoa de alguma forma envolve investir em suas emoções e formar um relacionamento. Esta oportunidade tem muito potencial de cura e de se tornar parte de algo maior do que você. As melhores uniões criam um todo que vale mais do que a soma de suas partes. Dê uma chance e veja o que vem a seguir.

Esta carta também pode indicar um momento de se apaixonar, ou pelo menos estar realmente interessado em onde algo pode levar. Neste estágio inicial, é muito cedo para dizer quanto tempo vai durar, mas o valor está em tudo o que você pode aprender ou experimentar ao explorar essa nova conexão.

DOIS DE ESPADAS

Palavras-chave: necessidade de tomar uma decisão, dados insuficientes, falta de fatos, negação, sentimento de conflito, cabeça e coração em oposição.

Invertida: ignorar fatos, recusar-se a escolher, mentir para si mesmo.

Espadas representam o ar, a mente, o intelecto, a lógica, os pensamentos, a comunicação, a verdade, os problemas, as soluções, a ação.

O Dois fala de escolhas e decisões. Uma decisão precisa ser tomada e o estado natural das coisas precisa ser perturbado antes que os eventos possam avançar. O naipe da carta é uma pista sobre como tomar essa decisão.

Dois de Espadas fala sobre razão, mas o mar e a lua retratados na carta mostram que a intuição também desempenha um papel nessa decisão. Esta carta lhe diz que para tomar bem essa decisão, você tem que usar tudo o que está à sua disposição. Os corvos são os companheiros de Odin, Pensamento e Memória, então você pode confiar na experiência e na lógica do passado. Considerando que os Magos acreditam que o poder e o conhecimento são aumentados através da dedicação e do estudo, Odin, um deus nórdico, é uma conexão apropriada, já que ele sacrificou muito em busca da sabedoria e do conhecimento. No entanto, a venda permite que você saiba que não sabe tudo e provavelmente não saberá antes que a ação seja necessária.

Depois de ter todos os fatos que puder reunir, confie em sua intuição para saber exatamente como empunhar essas Espadas. A situação pode até parecer complicada, mas tenha a confiança de que quando se mistura intelecto e intuição, você pode dançar com graça.

DOIS DE PENTÁCULOS

Palavras-chave: multitarefa, equilíbrio, orçamento apertado, comparação de preços, alocação de recursos, calma ou comportamento zen diante de uma crise, escolha equivocada.

Invertida: roubar de Pedro para pagar Paulo, problemas financeiros, situação embaraçosa, estresse, energia frenética.

Pentáculos representam a terra, o corpo, a diligência, os recursos, o mundo físico, a criação/manifestação, a receptividade.

O Dois fala de escolhas e decisões. Uma decisão precisa ser tomada e o estado natural das coisas precisa ser perturbado antes que os eventos possam avançar. O naipe da carta é uma pista sobre como tomar essa decisão.

Definitivamente, o Dois de Pentáculos é mais um ideal para se alcançar, do que uma representação de como é a vida real frequentemente. A vida moderna inclui muito malabarismo de tempo, dinheiro e atenção. E não tão somente por nos dizerem em alto e bom tom o que queremos, mas o fato de querermos tudo. Nossas prioridades se perdem na tentativa frenética de ter tudo. Esta carta é sobre como equilibrar um orçamento ou cronograma e como alocar seus recursos, embora isso realmente vai demonstrar seus valores. Alguns dizem que se você quer conhecer os valores de uma pessoa, basta olhar para o seu orçamento e cronograma, porque a forma como ela gasta seu tempo e dinheiro mostra seus verdadeiros ideais.

Esta carta lembra que para alcançar uma vida calma e plena sem o estresse frenético do consumismo moderno, você vai precisar encontrar seu verdadeiro centro, suas prioridades inquestionáveis, e deixar que seus recursos (tempo e dinheiro) fluam para eles. Alimentar o que tem mais significado para você vai facilitar encontrar os recursos apropriados, criando um ciclo equilibrado, assim como os Pentáculos na *lemniscata*.

TRÊS

As cartas numeradas dos Arcanos Menores nos levam a uma jornada do início (com o Ás) ao fim (com o Dez). Três, Seis e Nove são cartas consideradas como conclusões de miniciclos dentro da história maior. O Ás é o começo, o Dois é uma escolha e o Três é o resultado dessa escolha. O Três também está conectado com a Imperatriz, que também é numerada pelo Três. Todas as cartas representadas pelos mesmos números compartilham uma conexão. Assim como a Imperatriz expressa crescimento e abundância, o mesmo ocorre com todas as cartas Três dos Arcanos Menores.

Normalmente associamos crescimento e abundância com experiências positivas. Muitas vezes não se trata disso. Nem sempre mais é o melhor. Se temos algo problemático em nossa vida, geralmente não queremos que isso cresça. Os próprios fatos vão revelar o que acontece quando nossas escolhas batem à nossa porta dando conselhos sobre como melhorar as coisas.

TRÊS DE BASTOS

Palavras-chave: otimismo, expectativa, atração, lei da atração, preparação, culminação, retorno do investimento, foco.

Invertida: atraso, desânimo, oportunidade perdida, julgamento pobre, má decisão, distração, insatisfação.

Bastos representa o fogo, a vontade, a paixão, a coragem, a motivação, a carreira, os projetos, as metas, os desejos, a ação.

O Três fala sobre síntese e crescimento, é uma conclusão parcial da jornada que termina com a carta Dez. Os naipes descrevem o que acontece quando as coisas se juntam ou como juntar as coisas.

Os Bastos falam sobre ação, inspiração e paixão, então, por que nosso Mago é tão triste? Este é o estágio do plano em que você fez tudo o que podia, exceto esperar pelos resultados. Você está animado e é compreensível, pois trabalhou duro, talvez fazendo algumas coisas complicadas ou arriscadas, agora está morrendo de vontade de saber como tudo vai funcionar. Mas a melhor coisa que pode fazer é ter paciência. Fique atento a quaisquer problemas potenciais que possam atrapalhar o resultado desejado e esteja preparado para agir, mas não se deixe enganar apenas para ter algo a fazer.

Este pode ser um momento desconfortável, porque as coisas estão em fluxo, e como seu fogo interior não tem uma saída, talvez encontre alguma atividade envolvente (exercício físico é uma ótima opção) para não explodir com as pessoas ao seu redor por pura frustração.

TRÊS DE COPAS

Palavras-chave: amizade, família, festas casuais, alegria, diversão, abandono, abundância, celebração, conexões, saborear o momento.

Invertida: festa excessiva, ressaca moral, situações embaraçosas, sentir-se excluído.

Copas representa a água, a alma, os relacionamentos, as emoções, a criatividade, a imaginação, os amigos, a família, a receptividade.

O Três fala sobre síntese e crescimento, é uma conclusão parcial da jornada que termina com a carta Dez. Os naipes descrevem o que acontece quando as coisas se juntam ou como juntar as coisas.

Três de Copas celebra as conexões emocionais e sociais. Quando as pessoas se unem em amor e amizade, elas ajudam umas às outras a se tornarem as melhores versões de si mesmas que podem ser. Sob a luz da lua, essas feiticeiras exploram não necessariamente quem são, mas quem podem ser e como mudam em relação aos outros. As diferenças as aproximam em vez de separá-las.

Esta carta representa uma reunião informal, portanto, reunir-se com os amigos é provavelmente exatamente o que precisa. Se você está se sentindo desanimado, isso pode ajudá-lo a lembrar quem realmente é. Também pode mostrar vislumbres de possibilidades que deseja desenvolver e maneiras pelas quais você cresceu. É um bom momento para deixar as pessoas que ama saberem o quanto se importa com elas e ser grato pelas conexões em sua vida.

ARCANOS MENORES • 93

TRÊS DE ESPADAS

Palavras-chave: conhecimento indesejado, verdades dolorosas, desgosto, mágoa, traição, deslealdade, infidelidade.

Invertida: confusão, mal-entendido, palavras maliciosas, mentiras dolorosas, crueldade desnecessária.

Espadas representam o ar, a mente, o intelecto, a lógica, os pensamentos, a comunicação, a verdade, os problemas, as soluções, a ação.

O Três fala sobre síntese e crescimento, é uma conclusão parcial da jornada que termina com a carta Dez. Os naipes descrevem o que acontece quando as coisas se juntam ou como juntar as coisas.

Algumas informações novas chegam ao seu conhecimento, fazendo com que as peças se encaixem e iluminem uma situação angustiante. Há furos no que você pensou ser verdade. Isso nunca é divertido, embora às vezes seja libertador, especialmente se você sente que algo está errado há algum tempo. É possível que a informação estivesse lá o tempo todo, mas só agora você percebe todas as ramificações.

Os primeiros momentos de realização podem parecer uma tempestade que sopra pelo seu mundo, causando danos e bagunçando tudo. Quando a tempestade passar, você usará a mesma lógica que o levou a essa conclusão para ajudar a reorganizar sua vida. Talvez você prefira continuar se enfurecendo ou chorando. Talvez seu coração esteja partido. Mas você vai pegar as peças e fazer tudo certo novamente.

TRÊS DE PENTÁCULOS

Palavras-chave: trabalho em equipe, criação, trabalho qualificado, fazer algo de valor, contribuição para um projeto que vale a pena, destacando habilidades.

Invertida: projeto ineficaz, trabalho de má qualidade, sobrecarga, não fazer o seu melhor, contribuições ignoradas.

Pentáculos representam a terra, o corpo, a diligência, os recursos, o mundo físico, a criação/manifestação, a receptividade.

O Três fala sobre síntese e crescimento, é uma conclusão parcial da jornada que termina com a carta Dez. Os naipes descrevem o que acontece quando as coisas se juntam ou como juntar as coisas.

Quando habilidade, visão e criatividade se unem, coisas mágicas podem acontecer. O Três de Pentáculos pode representar um trabalho em equipe ou o uso de todos os aspectos de si mesmo enquanto trabalha sozinho. De qualquer forma, o resultado é encantador. Você faz coisas o tempo todo, mas desta vez é especial.

Se você estiver trabalhando com outras pessoas e as coisas parecerem estagnadas, tente incentivar os melhores talentos de todos. As pessoas geralmente são mais felizes quando fazem aquilo que são especialistas, tendo um melhor trabalho em equipe. Se você estiver trabalhando sozinho em algo que está travado, certifique-se de estar se baseando em todos os aspectos de si mesmo. Certifique-se de que sua visão é clara, seu plano sólido e suas habilidades adequadas. Misture um pouco de paixão e as coisas vão mudar antes que você perceba.

O QUATRO

Um banquinho pode ter três pernas, mas uma cadeira com quatro pernas é muito mais estável. O Quatro tem tudo a ver com estabilidade. Este número é como uma caixa quadrada que contém a essência de cada naipe. Sabemos que a vida, o tempo, a energia, tudo está sempre em movimento, mas há momentos em que o fluxo diminui, o mais próximo possível da paralisação. O número Quatro do baralho representa essa experiência, quando nada parece se mover, nenhuma nova energia entra e nenhuma energia existente sai.

Como todas as coisas, a estabilidade não é boa ou ruim em si mesma. Sua adequação é determinada pela situação. Nem toda energia funciona bem em um ambiente estável. Copas/Água e Pentáculos/Terra são energeticamente passivos. Quando eles são desacelerados, sua natureza fica estagnada. Bastos/Fogo e Espadas/Ar são energias ativas, que quando desaceleradas pela energia do Quatro, tornam-se mais suaves e gentis.

QUATRO DE BASTOS

Palavras-chave: feriado, festa, celebração, encontro, homenagem a alguém ou a alguma coisa, conclusão bem-sucedida de um empreendimento, cerimônia de premiação, conquista comunitária.

Invertida: planos que dão errado, comemorar algo cedo demais, discórdia, discussões.

Bastos representa o fogo, a vontade, a paixão, a coragem, a motivação, a carreira, os projetos, as metas, os desejos, a ação.

O Quatro atua como um recipiente, como uma caixa quadrada, guardando a essência de cada naipe, criando ausência de movimento. Nem toda energia funciona bem em um ambiente estável, podendo ficar estagnada.

Quatro de Bastos representa um motivo de celebração (veja, a espera no Três de Bastos valeu a pena!). A energia ígnea foi cultivada, direcionada e contida, facilitando a aplicação a um propósito específico. Talvez você não tenha aberto um portal para o Outromundo, mas mantendo sua energia sob controle e seu foco afiado, os resultados serão surpreendentes. Se você é tentado por distrações ou comemora cedo demais, esta carta lembra que é necessário um processo confiável e diligente para terminar o trabalho.

Tradicionalmente, esta carta tem sido mais sobre uma celebração formal que marca uma conquista ou um marco, como, por exemplo, um casamento, uma formatura, um novo emprego, aniversário, etc. Esta carta está falando sobre sua própria conquista ou a de outra pessoa, lembre-se de que celebrar e homenagear as conquistas é uma parte importante de todo o processo.

QUATRO DE COPAS

Palavras-chave: descontentamento, insatisfação, aborrecimento, tédio, ingratidão, depressão, resistência à mudança, estagnação, falta de inspiração.

Invertida: depressão profunda, respostas insalubres ou perigosas ao tédio, prazer em se atolar.

Copas representa a água, a alma, os relacionamentos, as emoções, a criatividade, a imaginação, os amigos, a família, a receptividade.

O Quatro atua como um recipiente, como uma caixa quadrada, guardando a essência de cada naipe, criando ausência de movimento. Nem toda energia funciona bem em um ambiente estável, podendo ficar estagnada.

A água fica estagnada se não fluir. Este Mago está sentado sozinho em seu escritório há muito tempo. Os livros e ferramentas que eram tão excitantes e inspiradores agora estão acumulando poeira. Suas emoções são monótonas e pesadas, para alimentar qualquer coisa saudável. Ele precisa de algo fresco e novo para aliviar seu tédio. Por sorte, há um reluzente copo novo brilhando bem atrás dele, clamando por sua atenção. Se ao menos ele pudesse arrancar os olhos dos copos que o estão entediando.

Não seja como ele. Quando você se encontrar inundado pela estagnação, não se afunde nela. Levante-se. Saia. Respire ar fresco, novas ideias. Se você não pode sair, pelo menos mude sua *playlist*. A música é uma maneira ótima e rápida de movimentar a energia de forma diferente.

QUATRO DE ESPADAS

Palavras-chave: descanso, retiro, meditação, paz, recuperação, reagrupamento, consideração cuidadosa.

Invertida: negação, obsessão inútil, procrastinação, pensamento desordenado.

Espadas representam o ar, a mente, o intelecto, a lógica, os pensamentos, a comunicação, a verdade, os problemas, as soluções, a ação.

O Quatro atua como um recipiente, como uma caixa quadrada, guardando a essência de cada naipe, criando ausência de movimento. Nem toda energia funciona bem em um ambiente estável, podendo ficar estagnada.

Quando está enfrentando uma situação difícil, seus pensamentos podem circular infinitamente em sua mente, desgastando-o e não levando a nenhuma solução útil. É tentador continuar fazendo isso, porque você sente que está fazendo algo. A resposta real parece contraintuitiva: tire uma soneca. As sonecas assumem diferentes formas. Você pode tirar uma soneca de verdade ou uma soneca metafórica, como uma meditação, uma distração irracional ou um tipo diferente de jogo mental, como um quebra-cabeça.

Fazer uma pausa em um problema, de acordo com o Quatro de Espadas, é exatamente o que você precisa agora. Tenha em mente que isso não vai fazer com que o problema desapareça. Ele ainda vai estar lá, esperando por você. A diferença é que sua mente será atualizada, como apertar um botão de reset. Agora você pode ver as coisas de forma diferente. E quem sabe, talvez, a solução chegue até você em um sonho.

QUATRO DE PENTÁCULOS

Palavras-chave: possessividade, guarda e gestão de recursos, poupar, proteger, mordomia.

Invertida: ganância, entesouramento, pegar o que não é seu, uso indevido ou descuidado de recursos.

Pentáculos representam a terra, o corpo, a diligência, os recursos, o mundo físico, a criação/manifestação, a receptividade.

O Quatro atua como um recipiente, como uma caixa quadrada, guardando a essência de cada naipe, criando ausência de movimento. Nem toda energia funciona bem em um ambiente estável, podendo ficar estagnada.

Quando você não se sente seguro, a inclinação natural é agarrar e segurar tudo o que puder. Não há problema em fazer o que precisa para se sentir seguro. Seja economizando dinheiro, criando uma despensa para a colheita do verão ou trabalhando sozinho em um projeto, o Quatro de Pentáculos aplaude sua sabedoria. A generosidade é uma virtude, mas ser sensato também é. Talvez você já saiba qual será sua necessidade futura (quem sabe economizar para uma conta que vai vencer) ou talvez esteja deixando de lado para atender alguma necessidade imprevista. Certifique-se de ter uma rede de segurança, proteger seus ativos ou manter suas ideias milionárias seguras neste momento. Reserve sua força.

O Quatro de Pentáculos pode ser uma ladeira escorregadia. Cuidado para não escorregar em direção à ganância, acumulação ou paranoia. Há uma linha tênue, mas há uma grande diferença entre ser sensato e louco.

O CINCO

O número Quatro trouxe estabilidade, mas a vida nunca pode ficar parada, então os naipes de número Cinco vêm em seu socorro. Sua energia caótica pode salvar o dia ou fazer tudo parecer pior. As coisas nunca serão chatas com estas cartas ao seu redor. O Cinco traz movimento para situações estagnadas, libertando-nos e permitindo o movimento. Também pode exasperar uma situação confusa ou desordenada.

O Cinco sempre teve uma má reputação e frequentemente é responsável por trazer problemas ou dificuldades. Isso porque os humanos geralmente não gostam de mudanças. Mais uma vez o Tarô nos mostra o quão útil é, porque, quer nos pareça que os Cincos estão salvando o dia ou piorando tudo, as cartas sempre têm uma resposta ou solução dentro delas. Ao agitar as coisas, podemos vê-las de maneiras novas e estamos abertos a novas soluções.

CINCO DE BASTOS

Palavras-chave: competição, conflito, debate, esforços de grupo, comitês, personalidades fortes, opiniões divergentes, nenhum objetivo compartilhado, falta de liderança.

Invertida: fugas, agressividade, causa intencional de problemas, crítica improdutiva.

Bastos representa o fogo, a vontade, a paixão, a coragem, a motivação, a carreira, os projetos, as metas, os desejos, a ação.

O Cinco é caótico, trazendo movimento para uma situação estagnada ou piorando uma já confusa. Ele pode criar novos problemas ou, se tivermos sorte, trazer novas soluções.

Trabalhar com outras pessoas traz benefícios e desafios. Os grupos têm uma energia única que você não pode replicar por conta própria. Outras pessoas têm ideias que podem estimular o pensamento criativo. Aqueles com melhores habilidades ajudam você a melhorar, especialmente através de uma competição saudável.

No entanto, sem um bom líder ou visão compartilhada, é fácil desmoronar, principalmente com uma equipe de pensadores muito criativos e complicados. Os egos podem começar a assumir o controle, levando a discussões e competições insalubres. Se você se encontrar nessa situação, tente redirecionar o fluxo e fazer com que todos voltem à tarefa. É preciso muito esforço para direcionar tanta energia e, se você não estiver disposto a isso, peça licença e tire pelo menos um pouco do caos até que as coisas se acalmem.

CINCO DE COPAS

Palavras-chave: luto, sentimento de perda, tristeza, pesar, arrependimento, amargura, frustração.

Invertida: autopiedade, obsessão pelo passado, autoflagelação, ausência de sentimentos.

Copas representa a água, a alma, os relacionamentos, as emoções, a criatividade, a imaginação, os amigos, a família, a receptividade.

O Cinco é caótico, trazendo movimento para uma situação estagnada ou piorando uma já confusa. Ele pode criar novos problemas ou, se tivermos sorte, trazer novas soluções.

Cinco de Copas simboliza a resposta emocional à perda, e não a própria perda. Quando se trata de mudanças, pode ser uma situação verdadeiramente traumática, como a morte de um ente querido por exemplo, ou pode ser uma situação mundana (mas que ainda afeta profundamente você), como a perda de um emprego, de uma moradia, o fim de um relacionamento, ou até mesmo o final do seu livro ou série de TV favoritos, ajustar-se à vida após a perda leva tempo. Certifique-se de permitir a si mesmo o espaço e a liberdade de sentir e honrar sua dor. Mantê-la encaixotada não vai ajudar no processo de cicatrização.

Por outro lado, não fique de luto por muito tempo. Se você permanecer assim, vai começar a ceder em vez de processar seus sentimentos. Sem se mover em direção à cura, essa tristeza pode se transformar em depressão e se tornar seu "novo normal". No tempo certo, olhe ao redor, observe o que você ainda tem e seja grato.

CINCO DE ESPADAS

Palavras-chave: vitória, derrota, humilhação, agressão, ausência de competitividade.

Invertida: vitória amarga, desonra.

Espadas representam o ar, a mente, o intelecto, a lógica, os pensamentos, a comunicação, a verdade, os problemas, as soluções, a ação.

O Cinco é caótico, trazendo movimento para uma situação estagnada ou piorando uma já confusa. Ele pode criar novos problemas ou, se tivermos sorte, trazer novas soluções.

Cinco de Espadas, como todos os naipes de Espadas indicam, pode sofrer por se apegar demais a ideias em preto e branco do que é a "verdade". Quando se fica muito preso em suas próprias noções do que é verdadeiro e correto, acaba tentando silenciar aqueles que têm opiniões opostas. Ao silenciar os outros, você não os convence; mas, sim, tira o poder deles, pelo menos por um tempo, deixando-os ressentidos e na defensiva.

Esta carta avisa que seu plano para a vitória pode trazer o resultado desejado a curto prazo, mas pede que considere se isso é realmente o que deseja a longo prazo. Intimidar e coagir as pessoas geralmente causa problemas maiores no futuro. Além de ser um movimento estratégico ruim, não é muito legal. É mais importante ser a pessoa que deseja ser do que vencer a qualquer preço, especialmente se o resultado não for o que realmente deseja.

CINCO DE PENTÁCULOS

Palavras-chave: pobreza, carência, necessidade, fome, falência, ruína, miséria, problemas de saúde, recusa de ajuda, orgulho, cegueira para possíveis ajudas.

Invertida: negligenciar a si mesmo ou as suas finanças, confiar desnecessariamente na caridade, tirar vantagem dos outros.

Pentáculos representam a terra, o corpo, a diligência, os recursos, o mundo físico, a criação/manifestação, a receptividade.

O Cinco é caótico, trazendo movimento para uma situação estagnada ou piorando uma já confusa. Ele pode criar novos problemas ou, se tivermos sorte, trazer novas soluções.

Você pode estar se sentindo financeiramente limitado, fisicamente fraco, completamente sobrecarregado ou carente de companheirismo. Sua necessidade é real, mas esta carta sugere que seu sofrimento não é. Não, não é apenas mudar seu estado de espírito que vai ajudar, é a possibilidade de alívio que pode acabar com sua dor.

Talvez seja difícil pedir ajuda quando você precisa, mesmo que saiba para onde ir, mesmo que aquilo que precisa esteja bem na sua frente. Sua vida e sua mente podem ser tempestuosas e assustadoras, mas não deixe que o orgulho o impeça de estar seguro e confortável. Neste caso, aquilo que precisa está disponível e você provavelmente conhece a fonte. Basta perguntar e depois se lembrar desse sentimento para a próxima vez que estiver em posição de ajudar alguém.

O SEIS

O Seis é a próxima conclusão parcial da jornada. Este ciclo inclui o estabelecimento da estabilidade com o Quatro, que foi consequentemente virado de cabeça para baixo com o Cinco. Termina com os Seis trazendo um "novo normal" que incorpora os restos remanescentes de estabilidade e os resquícios que sobrou do caos. O Seis é quase sempre visto com carinho, porque segue tempos difíceis. Ele traz consigo uma sensação de alívio e nos traz sentimentos de gratidão.

Nos Seis, os papéis são redefinidos, as metas são avaliadas e as recompensas são entregues "redondas". Uma das coisas mais interessantes sobre os Seis é que eles demonstram colaboração e parcerias, mas as relações são desiguais. Por exemplo, o Dois de Copas mostra dois iguais se conectando, mas o Seis de Copas mostra uma pessoa mais velha e outra mais jovem, indicando não necessariamente uma diferença cronológica literal, mas uma hierarquia.

SEIS DE BASTOS

Palavras-chave: vitória, honra, conquista, reconhecimento, orgulho, cerimônia pública, elogios, realização, sucesso, triunfo.

Invertida: fracasso, abandono, ser esquecido, desapontamento, humilhação, desonra, vergonha, receber crédito pelo trabalho de outra pessoa.

Bastos representa o fogo, a vontade, a paixão, a coragem, a motivação, a carreira, os projetos, as metas, os desejos, a ação.

O Cinco perturba a estabilidade do Quatro e o Seis restabelece a normalidade. Os papéis são redefinidos, metas avaliadas e recompensas dadas com foco na colaboração e nos relacionamentos.

Às vezes parece que um herói fez tudo sozinho, mas na verdade os heróis são apoiados por suas comunidades. O Seis de Bastos é uma celebração comunitária de uma conquista. O Mago conquistador é o foco da festa da vitória, mas na verdade a alegria infunde e beneficia a todos.

Esta carta representa a realização de algo que exigiu grande esforço e provavelmente muita coragem. Você ganhou todos os elogios, então aproveite. Certifique-se de aceitar seus elogios com graça, lembrando-se de compartilhar os bons sentimentos com todos os outros e agradecer a todos aqueles cujo apoio tornou isso possível. Se você ainda não enfrentou o desafio, sinta-se encorajado, porque as coisas parecem estar se alinhando para garantir um resultado positivo.

SEIS DE COPAS

Palavras-chave: nostalgia, lembranças felizes, bondade, inocência, altruísmo, generosidade, prazeres inocentes, afeto incondicional.

Invertida: viver ou romantizar o passado, ações insinceras, manipulação, compra de afeto ou amizade.

Copas representa a água, a alma, os relacionamentos, as emoções, a criatividade, a imaginação, os amigos, a família, a receptividade.

O Cinco perturba a estabilidade do Quatro e o Seis restabelece a normalidade. Os papéis são redefinidos, metas avaliadas e recompensas dadas com foco na colaboração e nos relacionamentos.

Grandes gestos e ações dramáticas são incríveis, mas é bom lembrar de que pequenos atos de bondade também podem mudar o mundo de maneiras que não podemos imaginar. Você nunca sabe como um pequeno presente e uma palavra gentil vão se espalhar pelo tempo e afetar o futuro. Bem, você meio que sabe, pelo menos neste caso, pois o Seis de Copas permite que saiba que suas ações agora terão consequências maiores. Preste atenção às pessoas ao seu redor e esteja pronto para dar exatamente o que é necessário.

Esta carta também tem um aviso, pois muitas vezes os momentos doces estão ligados às memórias. Você pode estar olhando com carinho para um passado com uma visão um pouco cor-de-rosa ou desejando um tempo que não existe mais. A nostalgia pode alimentar a alma, mas não deixe que ela o impeça de criar novas memórias que vão aquecer você e os outros no futuro.

SEIS DE ESPADAS

Palavras-chave: jornada, rumo à segurança, fuga, voo, viagem, assistência, admitir derrota, situação impossível, proteção, abrigo.

Invertida: permanecer preso, atraso, agravamento da situação, perigo invisível.

Espadas representam o ar, a mente, o intelecto, a lógica, os pensamentos, a comunicação, a verdade, os problemas, as soluções, a ação.

O Cinco perturba a estabilidade do Quatro e o Seis restabelece a normalidade. Os papéis são redefinidos, metas avaliadas e recompensas dadas com foco na colaboração e nos relacionamentos.

Quando uma situação está além do reparo, às vezes o melhor que se pode fazer é ir embora. Não é hora de ser um herói, mas, sim, de chamar um. Sua situação é arriscada e complicada, e você provavelmente se cansou tentando resolvê-la. Encontre alguém em quem possa confiar e que tenha os meios para ajudá-lo. Depois vem a parte difícil: deixe-os ajudar. Você não precisa fazer tudo sozinho.

Mesmo depois que seu plano de fuga estiver em andamento, gerencie seus pensamentos e acalme seus medos. Se você não fizer isso, eles podem se tornar bloqueadores de sua liberdade. Não deixe que suas preocupações causem atrasos ou criem novos problemas. Concentre-se na situação imediata. Você pode arriscar jogos mentais consigo mesmo mais tarde, se quiser. Se você está ajudando outra pessoa, parte do seu trabalho será ajudá-la a manter a calma.

SEIS DE PENTÁCULOS

Palavras-chave: caridade, justiça, doação, presente, concessão, bolsa de estudos, empréstimo, bom senso, impostos, taxas, partilha da riqueza, pedido de ajuda.

Invertida: recusa de concessão ou empréstimo, mesquinhez, baixo preço, julgamento sem caridade, impostos ou taxas injustos, dificuldade de pedir ou de aceitar assistência, incapacidade de ajudar quando solicitado.

Pentáculos representam a terra, o corpo, a diligência, os recursos, o mundo físico, a criação/manifestação, a receptividade.

O Cinco perturba a estabilidade do Quatro e o Seis restabelece a normalidade. Os papéis são redefinidos, metas avaliadas e recompensas dadas com foco na colaboração e nos relacionamentos.

Você tem necessidades imediatas que geralmente são atendidas com a renda auferida. Às vezes, são necessários recursos para projetos maiores, como financiar uma educação ou grandes reparos em casa. Para essas necessidades, recorra a diferentes fontes, como subsídios, bolsas de estudo e empréstimos. O Seis de Pentáculos representa recursos disponíveis para objetivos de longo prazo. Esta carta em sua leitura permite saber que esse suporte está disponível.

No entanto, esse investimento não vai simplesmente aparecer na sua conta bancária. Você terá que se candidatar, talvez pular alguns obstáculos, convencer as pessoas com autoridade de que sua necessidade é um investimento que vale a pena. Pentáculos são para criar e distribuir riqueza, então você terá que mostrar como fará bom uso dos recursos.

O SETE

O Seis restabeleceu um senso de normalidade, mas a vida continua em movimento. Curiosamente, não há muita ação no Sete. Na verdade, a figura principal apenas se movimenta em um dos naipes, as Espadas. Então, como a nossa história vai ser impulsionada com o Sete? Essas cartas são semelhantes às cartas Dois, porque, em última análise, vai ser preciso tomar uma decisão. Mas ao contrário do Dois, essa decisão não é necessariamente apresentada a nós. Pelo contrário, é o resultado de nossa própria reflexão.

À medida que alcançamos certos níveis de realização, é natural avaliar nossa vida para determinar nossos próximos passos. O Sete representa um momento de avaliação. No momento que decidimos o que está funcionando; o que não está; o que queremos, mas não temos; o que acreditamos ou o que não acreditamos, geralmente estamos fazendo uma escolha. Temos que decidir tomar uma posição, agir ou tirar algo de alguém. É um momento importante, porque quando passarmos para o Oito, não teremos tempo para pensar.

SETE DE BASTOS

Palavras-chave: defender, proteger, valorizar, coragem, defender crenças, bravura, determinação, ação.

Invertida: defensiva, exagero, melindres, fuga.

Bastos representa o fogo, a vontade, a paixão, a coragem, a motivação, a carreira, os projetos, as metas, os desejos, a ação.

À medida que atingimos certos níveis de realização, é natural avaliar nossa vida para determinar nossos próximos passos. O Sete traz a energia da avaliação para o primeiro plano.

O Sete de Bastos representa um momento de crise. Você vai sentir pressão de todos os lados e pode não saber com o que lidar primeiro. O melhor é determinar o que deve ser manuseado e em que ordem... ou talvez encontrar uma maneira de fazer tudo parar com um ato perfeito.

Existem algumas vantagens nesta situação. Se está sendo atacado, então tem algo que vale a pena defender. Talvez seja isso que precisa avaliar – não se deve fugir, vale a pena lutar. Além disso, você está em uma boa posição para a defesa e também para ver o quadro geral, facilitando a percepção de possíveis consequências. Você tem escolhas e as informações necessárias para fazê-las, embora tenha que pensar rápido, pois os eventos estão se desenvolvendo rapidamente.

SETE DE COPAS

Palavras-chave: confusão, fantasias, escolhas, imaginação, sonhos, ilusões, falta de foco, pensamento positivo.

Invertida: medos, devaneios que atrapalham as obrigações, escapismo.

Copas representa a água, a alma, os relacionamentos, as emoções, a criatividade, a imaginação, os amigos, a família, a receptividade.

À medida que atingimos certos níveis de realização, é natural avaliar nossa vida para determinar nossos próximos passos. O Sete traz a energia da avaliação para o primeiro plano.

Você se atreveu a sonhar e agora tem uma bela coleção. Sonhos não fazem muito bem em uma prateleira, como um objeto de decoração. Se você fizer isso, depois de um tempo eles se tornarão meras fantasias. Para manifestar seu desejo, você tem que pegar o copo e beber.

Ter muitas opções pode ser tão ruim quanto não ter nenhuma. É esmagador e pode paralisá-lo até acabar não fazendo nada. Você pode estar preocupado em fazer a escolha errada. Lembre-se, esta é uma carta do naipe de Copas, e isso lhe dá uma pista. Sua escolha não será necessariamente a mais empolgante, a mais lógica ou a mais potencialmente lucrativa; será aquela que você sente, em seu coração e no seu sangue, que quer ganhar vida.

SETE DE ESPADAS

Palavras-chave: roubar, resgatar, furtividade, desonestidade, sabotagem, atitude sorrateira, discrição, traição, espionagem.

Invertida: exposição, falhas e desonra no planejamento, flagrante.

Espadas representam o ar, a mente, o intelecto, a lógica, os pensamentos, a comunicação, a verdade, os problemas, as soluções, a ação.

À medida que atingimos certos níveis de realização, é natural avaliar nossa vida para determinar nossos próximos passos. O Sete traz a energia da avaliação para o primeiro plano.

À primeira vista, parece que este Mago está fugindo com alguns livros. A pressa e o rosto coberto fazem parecer que ele não quer ser pego. Ele está roubando os livros? Resgatando-os? Libertando-os? Às vezes, a verdadeira história depende de quem a está contando.

O Sete de Espadas convida você a se perguntar quem está tirando o quê de quem nessa situação. Então, investigue o porquê, qual é o objetivo final? Se você está pensando em tomar alguma coisa, mesmo que por um bom motivo, considere um plano diferente. Isso pode ser muito perigoso ou até mesmo bem distante dos valores que foram orientados para ser adequados a você. Pode parecer que esta é sua única opção, e talvez seja, mas pelo menos tente encontrar um caminho alternativo, se possível.

SETE DE PENTÁCULOS

Palavras-chave: avaliação, estimativa, reflexão, medir o retorno do investimento, colheita, recompensas, apreciação.

Invertida: decepção, oportunidade perdida, colher cedo demais, o plano não deu certo.

Pentáculos representam a terra, o corpo, a diligência, os recursos, o mundo físico, a criação/manifestação, a receptividade.

À medida que atingimos certos níveis de realização, é natural avaliar nossa vida para determinar nossos próximos passos. O Sete traz a energia da avaliação para o primeiro plano.

Há momentos na vida em que você fez tudo o que podia, mas ainda tem que esperar, seja uma fruta a amadurecer na videira, uma torta assando no forno ou um elaborado experimento alquímico. Você não pode apressar a fruta, a torta ou o experimento; isso só leva à ruína. Ao contrário do tempo de espera no Três de Paus, este período deve ser usado para revisão.

Verifique e revise tudo, porque ainda há tempo para fazer ajustes. Avalie seu processo e determine se há maneiras de melhorar a qualidade ou a eficiência da próxima vez. Se ainda houver tempo depois disso, fique de olho em tudo. Uma panela vigiada acabará fervendo, mesmo que pareça levar uma eternidade, mas uma panela não vigiada provavelmente vai transbordar.

O OITO

Assim como o Cinco trouxe caos a uma situação, criando estresse e mudança, o Oito vem trazendo velocidade e poder. O Sete foi quase como um ponto final, mas uma vez que a ação e a decisão foram tomadas, a situação se move para os Oito, o que significa que as coisas vão acontecer muito rapidamente. Não haverá muito tempo para pensar e planejar se as coisas derem errado. Além disso, quando tudo está se movendo rapidamente, qualquer pequeno movimento ou mudança pode bagunçar o conjunto todo.

No entanto, o poder nem sempre é externo. Muitas vezes você pode tomá-lo espontaneamente, outras ele pode parecer imposto a você. Se a energia estiver dentro, use-a ou aterre-a, porque se esse poder não for canalizado, pode se tornar um círculo vicioso e uma armadilha.

OITO DE BASTOS

Palavras-chave: velocidade, rapidez, eventos acionados, viagens, mensagens, comunicação, bom funcionamento das coisas, consequências razoáveis.

Invertida: caos, confusão, atrasos, frustração, nadando contra a corrente.

Bastos representa o fogo, a vontade, a paixão, a coragem, a motivação, a carreira, os projetos, as metas, os desejos, a ação.

O Oito é repleto de energia, o que geralmente o impulsiona com grande velocidade. Se esse poder não for canalizado, pode se tornar um círculo vicioso e uma armadilha.

Oito de Bastos é só velocidade e ação! Mesmo que as coisas estejam acontecendo rapidamente, nada deve ser uma surpresa. Os eventos foram acionados, pelo menos até certo ponto, por suas decisões. Você tomou medidas para direcionar esses eventos para um resultado específico. O movimento nesta carta é ordenado, então as coisas devem sair conforme o planejado e o resultado provavelmente deve ser o que você espera razoavelmente.

Há muitas partes móveis para essa situação. Como eles estão todos correndo em direção ao seu destino, qualquer impacto adicional pode mudar esse curso ou, mais provavelmente, causar muito caos. Se você quiser mudar o resultado, simplesmente jogue uma pedra no caminho. Apenas saiba, porém, que você não será capaz de controlar o que acontece. Tradicionalmente, esta carta também representa mensagens e viagens.

OITO DE COPAS

Palavras-chave: busca, jornada, procura, descontentamento, insatisfação, infelicidade, missão.

Invertida: estabelecer-se, aceitar o segundo lugar, fuga, desculpas.

Copas representa a água, a alma, os relacionamentos, as emoções, a criatividade, a imaginação, os amigos, a família, a receptividade.

O Oito é repleto de energia, o que geralmente o impulsiona com grande velocidade. Se esse poder não for canalizado, pode se tornar um círculo vicioso e uma armadilha.

Você já esteve em uma fase da sua vida em que tudo estava bem, talvez até excelente, mas ainda assim sentia com todo o seu coração que tinha que mudar? Em situações assim, provavelmente você ainda precisa buscar algum elemento para trazer de volta de seu passado ou encontrar uma situação totalmente nova. É difícil, porque você não pode negar o desejo dessa busca, mas também não pode justificar logicamente a razão de ter de ir. Dificilmente alguém vai apoiá-lo, porque poucos conseguem entender o motivo do seu desejo de desistir de tudo o que tem em prol dessa busca. Mas como disse Blaise Pascal "o coração tem razões que a própria razão desconhece". Ou seja, às vezes as coisas que são sentidas no coração não podem ser explicadas logicamente.

Está tudo bem, é perfeitamente normal. Todo mundo tem sentimentos assim em algum momento. A lua selvagem chama e essa canção reverbera em seu sangue. Tudo o que você pode fazer é colocar seus negócios em ordem, fazer os preparativos que puder e partir. Você provavelmente nem sabe exatamente para onde ir, mas assim como confia em seu coração neste momento, conte com ele ao longo desta aventura.

OITO DE ESPADAS

Palavras-chave: sentir-se preso, restrito, situação perigosa, opções limitadas, desamparo, complexidade.

Invertida: vitimismo, desistência, ver problemas onde não existe.

Espadas representam o ar, a mente, o intelecto, a lógica, os pensamentos, a comunicação, a verdade, os problemas, as soluções, a ação.

O Oito é repleto de energia, o que geralmente o impulsiona com grande velocidade. Se esse poder não for canalizado, pode se tornar um círculo vicioso e uma armadilha.

Oito de Espadas descreve uma situação de desamparo. Você se sente preso, impotente e cercado pelo perigo. Se isso for realmente verdade, então é melhor deixar as cartas e chamar um profissional; obtenha a ajuda que for preciso. No entanto, isso é realmente o que o Oito de Espadas representa. Se você recebeu esta carta, é provável que a situação se deva mais aos seus processos de pensamento do que à realidade. Os pensamentos podem se mover rapidamente e é muito fácil para eles criar um círculo vicioso, um vórtice de desespero.

Pensamentos e sentimentos se moldam um ao outro. Então seus pensamentos atuais estão alimentando o sentimento de desesperança. Felizmente, você pode gerenciar seus pensamentos e mudar a maneira como aborda a situação. Sua mente, como uma espada, é uma ferramenta poderosa. Aprenda a usar sua mente de maneiras que o ajudem, em vez de atrapalhar.

OITO DE PENTÁCULOS

Palavras-chave: trabalho, habilidade, artesanato, artesão, diligência, dedicação, foco, direção, determinação, progresso constante, trabalho satisfatório, atenção aos detalhes.

Invertida: acabamento de má qualidade, vício em trabalho, aborrecimentos, tédio.

Pentáculos representam a terra, o corpo, a diligência, os recursos, o mundo físico, a criação/manifestação, a receptividade.

O Oito é repleto de energia, o que geralmente o impulsiona com grande velocidade. Se esse poder não for canalizado, pode se tornar um círculo vicioso e uma armadilha.

No Oito de Pentáculos, seu poder está sendo canalizado em um círculo vicioso com um efeito muito positivo. A repetição ajuda a criar habilidade e velocidade em tudo o que você está fazendo. A prática é realmente o único caminho para todos, exceto aos mais talentosos, melhorarem. Fazer algo repetidamente por si só acabará por levar à melhoria. No entanto, para maximizar seus esforços, adicione disciplina e discernimento. Se você examinar cada criação com um olhar crítico, vai aprender a identificar erros e maneiras de melhorar.

Esta carta às vezes pode representar atividades monótonas, mas principalmente se trata de fazer algo para a satisfação de ganhar habilidade. Pode haver fases chatas ou momentos em que você não consegue descobrir qual é o problema, mas a trajetória geral da carta está cumprindo o domínio. Lembre-se de que a prática leva à perfeição e a diligência é sua própria recompensa.

O NOVE

O Nove é a última carta dos miniciclos. Este ciclo inclui avaliação e poder e termina conosco sozinhos com o que criamos. Este conjunto de cartas está associado ao Eremita, também numerado com o IX. Em todas essas cartas, vemos uma figura solitária, que precisa aceitar suas decisões e ações e a vida resultante que elas criaram para si mesmas. Além disso, os Noves trazem à tona situações e preocupações que devem ser resolvidas sozinhas. Como você faz isso vai moldar sua identidade de maneiras significativas.

No Quatro, os naipes passivos de Copas e Pentáculos não se saíram muito bem. Já no Nove eles estão bastante felizes, mostrando contentamento com suas escolhas e sua vida. No entanto, os Bastos e as Espadas, que eram tão adoráveis no Quatro, são miseráveis no Nove, sentindo-se estressados, pesados e presos. A energia ativa precisa de algo para saltar, enquanto a energia passiva precisa de espaço para fluir.

NOVE DE BASTOS

Palavras-chave: proteger, defender, resistir; lealdade, força, disciplina; guerreiro ferido.

Invertida: causa sem esperança, martírio, falsidade, autodefesa, teimosia.

Bastos representa o fogo, a vontade, a paixão, a coragem, a motivação, a carreira, os projetos, as metas, os desejos, a ação.

O Nove é uma carta de solidão e plenitude. Cada carta traz uma situação que deve ser trabalhada individualmente. É isso que vai moldar a sua identidade e a pessoa que você vai se tornar.

Feche as escotilhas e se prepare para um cerco. Você já esteve envolvido em algum tipo de luta ou batalha e ganhou uma breve pausa. Houve progresso, mas a situação não acabou, embora, por ser um Nove, esteja quase pronta. Você só tem que segurar um pouco mais.

É possível que o pior já tenha passado e talvez não haja outro ataque, mas você deve permanecer cauteloso, guardando o que está comprometido em proteger. O seu comportamento neste momento, essa transição entre o caos e a conclusão, é o que vai moldar você. Por estar desgastado, sua resposta terá mais probabilidade de surgir dentro de si mesmo, em vez de ser baseada em lógica calculada. Você vai ficar paranoico? Vai ser um vencedor gracioso? Vai exigir pagamento em espécie por cada insulto que lhe foi feito? Vai abandonar seu compromisso?

NOVE DE COPAS

Palavras-chave: desejos realizados, contentamento, satisfação com a vida, orgulho, hospitalidade, sensualidade, prazeres mundanos, felicidade.

Invertida: excesso de indulgência, presunção, insatisfação, colher os louros pelo que não fez, egoísmo.

Copas representa a água, a alma, os relacionamentos, as emoções, a criatividade, a imaginação, os amigos, a família, a receptividade. O Nove é uma carta de solidão e plenitude. Cada carta traz uma situação que deve ser trabalhada individualmente. É isso que vai moldar a sua identidade e a pessoa que você vai se tornar.

Tradicionalmente, o Nove de Copas era chamado de carta de desejo. Antes de uma leitura começar, os adivinhos antigos diziam aos assistentes para fazerem um desejo. Se o Nove de Copas surgisse em qualquer lugar da leitura, significava que o desejo se tornaria realidade. É semelhante à interpretação moderna: você sente que seus desejos foram realizados e os resultados são extremamente satisfatórios.

Como este é o naipe de copas, a felicidade provavelmente envolve seu estado emocional, seus relacionamentos ou sua criatividade. Essa bondade não aconteceu por acaso; você trabalhou para isso e se sente bem consigo mesmo em tantos níveis. A vida nunca é estática, então esse contentamento não pode durar exatamente como é. A questão é como você vai proceder? Você continuará crescendo de maneira positiva ou colocará as coisas no piloto automático? Aproveite o momento, mas alimente seu desejo ou ele pode se dissipar ou estagnar.

NOVE DE ESPADAS

Palavras-chave: pensamentos obsessivos, insônia, pesadelos, preocupações, culpa, desespero, opressão.

Invertida: insônia, uso excessivo de soníferos.

Espadas representam o ar, a mente, o intelecto, a lógica, os pensamentos, a comunicação, a verdade, os problemas, as soluções, a ação.

O Nove é uma carta de solidão e plenitude. Cada carta traz uma situação que deve ser trabalhada individualmente. É isso que vai moldar a sua identidade e a pessoa que você vai se tornar.

Já é ruim o suficiente quando a crueldade vem dos outros, mas é ainda pior quando vem de dentro. Somos habilidosos demais em nos torturar. Se o Nove de Espadas aparecer, você provavelmente não está dormindo bem, devido a uma mente acelerada. Nessas noites escuras da alma, todos os seus erros, reais ou imaginários se repetem. Existe uma preocupação com coisas que provavelmente nunca vão acontecer. Pare de imaginar que as pessoas estão pensando coisas horríveis sobre você.

O truque não é apenas reconhecer a experiência, mas desenvolver as ferramentas para lidar com ela. Provavelmente há apenas alguns grãos de verdade no que está preocupando você, e sua mente os transformou em grandes e assustadores pensamentos monstruosos. Desde que você os criou, pode desfazê-los. Você vai permitir que noites como essa roubem seu descanso ou vai controlar sua mente? As pessoas têm métodos diferentes para isso, como meditar, escrever em um diário, ouvir música, fazer listas. Qual será sua abordagem?

NOVE DE PENTÁCULOS

Palavras-chave: disciplina, autoconfiança, individualidade, realização, riqueza material, segurança, solidão.

Invertida: não cumprimento das coisas, insatisfação, procura por elogios externos.

Pentáculos representam a terra, o corpo, a diligência, os recursos, o mundo físico, a criação/manifestação, a receptividade.

O Nove é uma carta de solidão e plenitude. Cada carta traz uma situação que deve ser trabalhada individualmente. É isso que vai moldar a sua identidade e a pessoa que você vai se tornar.

Nove de Pentáculos é um dos grandes favoritos entre os leitores de Tarô, representando uma vida maravilhosa, criada pelos próprios esforços. Não se trata apenas de um único objetivo. Você criou uma vida que combina perfeitamente com seus propósitos e não depende de mais ninguém. Adquiriu confiança em si mesmo, conheceu sua própria mente, alcançou as habilidades necessárias para atingir seus objetivos e exerceu a disciplina necessária para aprimorar e aplicar essas habilidades. Resumindo, você arrasou.

Parece até que já se moldou na pessoa vai se tornar. Então, como reconhecer essa conquista vai mudar a sua vida? Por ter feito muito por conta própria e ganhado uma sensação de segurança e independência, você pode ter se isolado. Seu próximo passo será mergulhar mais plenamente em uma existência eremita? Ou vai abrir os portões do seu império e deixar alguém entrar para compartilhá-lo com você?

O DEZ

Mesmo com o Nove demonstrando saturação ou plenitude, este não é o fim da sequência. O Dez nos leva ao ponto de transbordamento, saturação e excesso. Ele também é a realização do potencial do Ás. Embora ele seja o fim, para nós o Dez parece estar um pouco além do final, como uma fruta que está um pouco madura demais. Isso porque, de fato, as frutas estão muito maduras, elas contêm a semente, o novo Ás, para o próximo ciclo.

Como no Nove, os naipes ativos do Dez sofrem, sendo sobrecarregados, lembrando-nos de que podemos realmente ter muita coisa boa. Os naipes passivos, no entanto, brilham no seu melhor, como Copas e corações transbordando. Se as cartas Dez apontam para um final de conto de fadas ou um colapso sob a pressão de sua vida, saiba que elas são, como todas as cartas e a própria vida, apenas um momento antes do próximo ciclo recomeçar. Portanto, aproveite-o o máximo possível ou passe por ele com o máximo de graça que puder reunir.

DEZ DE BASTOS

Palavras-chave: ônus, obrigações, inúmeras oportunidades, dever, responsabilidade.
Invertida: exaustão física, opressão, tirania, subjugação.

Bastos representa o fogo, a vontade, a paixão, a coragem, a motivação, a carreira, os projetos, as metas, os desejos, a ação.

O Dez conta histórias de conclusão, realização e excesso. Esses naipes são às vezes a realização do potencial dos Ases. Outras vezes são avisos sobre ter "uma coisa boa demais".

Ás de Bastos traz paixão e inspiração. Como muitas vezes acontece, um grande projeto desperta ideias para outros. Se você tem medo de perder alguma coisa, preocupa-se por não ter trabalho suficiente ou se sente viciado no estresse de ter muito no seu prato, parece que está sobrecarregado com muita coisa acontecendo. Talvez algumas de suas oportunidades tenham vindo com obrigações ou amarras imprevistas.

Às vezes, você não tem escolha a não ser continuar arcando com todas as oportunidades, mas quando todas essas coisas que lhe trouxeram alegria se tornam um fardo, reconsidere seus compromissos. Priorize, elimine, delegue. Faça uma lista de projetos em ordem de prioridade. Se você não pode largar nada, maximize as eficiências. Traga outros a bordo para ajudar a aliviar a carga. Carregar muito por muito tempo nunca acaba bem. Algo se perderá: talvez o trabalho, talvez o seu bem-estar. Seja sensato.

DEZ DE COPAS

Palavras-chave: família, felicidade doméstica, otimismo, conforto, tranquilidade, paz, refúgio, alegria, felicidade, afeto profundo.

Invertida: disputas familiares, discussões, infelicidade, falsa fachada, separação, promessas quebradas, traição.

Copas representa a água, a alma, os relacionamentos, as emoções, a criatividade, a imaginação, os amigos, a família, a receptividade.

O Dez conta histórias de conclusão, realização e excesso. Esses naipes são às vezes a realização do potencial dos Ases. Outras vezes são avisos sobre ter "uma coisa boa demais".

Se tiver procurando aquele conto de fadas do tipo "e todos viveram felizes para sempre", no final de uma carta de Tarô, você o encontrou. Enquanto nada dura para sempre, o Dez de Copas promete pelo menos um momento de perfeita paz e harmonia entre família e amigos queridos. Os relacionamentos são satisfatórios e estáveis, devido a cuidados e carinho. Seu estado emocional é robusto; você está tão seguro que pode facilmente se sentir confortável e em casa em qualquer ambiente.

Mantenha o seu poço cheio para que possa continuar trazendo frescor aos seus relacionamentos. Não deixe que eles fiquem estagnados, uma pálida imitação de uma conexão viva. Permita que eles cresçam e mudem. Não se apegue a um ideal que não pode ser mantido. Ame seus relacionamentos pela maravilha contínua que eles trazem e não tente congelá-los no passado.

DEZ DE ESPADAS

Palavras-chave: rendição, fim, desastre, derrota, ruína, parar de lutar, ceder, desistir, reconhecer finais.
Invertida: melodrama, dificuldade de deixar ir, negação.

Espadas representam o ar, a mente, o intelecto, a lógica, os pensamentos, a comunicação, a verdade, os problemas, as soluções, a ação.

O Dez conta histórias de conclusão, realização e excesso. Esses naipes são às vezes a realização do potencial dos Ases. Outras vezes são avisos sobre ter "uma coisa boa demais".

Não importa o quanto tenta, não importa o quão certo está, não importa o quão injusto seja, não se pode vencer sempre. Entenda que essa situação acabou e nenhuma quantidade de reclamações, brigas ou intrigas pode mudar isso. Você pode olhar e olhar e não encontrar uma solução. Feche o livro, puxe as espadas das costas, recupere-se... e siga em frente.

Talvez haja uma lição aqui. Você pegou uma espada da verdade e a transformou em uma visão de mundo complexa que finalmente desmoronou sobre si mesmo? Virou a espada em sua direção? Está usando a situação como uma desculpa para não fazer nada ou ser a rainha do drama? Use isso como uma oportunidade para mudar seu pensamento. Talvez alguém tenha voltado suas verdades contra você, o que se manifestou como ódio, preconceito ou crueldade. Se for esse o caso, aprenda a acabar com essa bobagem rapidamente.

DEZ DE PENTÁCULOS

Palavras-chave: família estável, segurança, riqueza, abundância, conforto, raízes, planos para o futuro, conexão, vida equilibrada e saudável.

Invertida: aparentar o que não é, falta de sinceridade, pretensão, problemas domésticos, dívidas, problemas familiares.

Pentáculos representam a terra, o corpo, a diligência, os recursos, o mundo físico, a criação/manifestação, a receptividade.

O Dez conta histórias de conclusão, realização e excesso. Esses naipes são às vezes a realização do potencial dos Ases. Outras vezes são avisos sobre ter "uma coisa boa demais".

Uma árvore saudável tem raízes profundas, um tronco forte e galhos que alcançam o céu. Sua árvore genealógica atual (independentemente de como você defina família) está em ótimas condições. Suas raízes são sua herança, que pode ser material, espiritual, cultural ou simplesmente o modo como você cresceu. Seu baú é a vida que você criou, sua casa, família, trabalho, amigos, hobbies, práticas espirituais, tudo. Seus ramos podem ser seus filhos, mas também podem ser planos para o futuro, projetos que afetam o mundo fora de sua esfera ou qualquer legado que você deixar.

Os Pentáculos falam do mundo material, mas é muito mais que isso. Seu símbolo tem cinco pontas, uma para cada elemento, e o de cima mostra que todos os elementos materiais servem a um bem maior ou Espírito. O Dez de Pentáculos permite que você saiba que realmente tem tudo. Pelo menos por enquanto.

— · CAPÍTULO 5 · —
AS CARTAS DA CORTE

As cartas dos Arcanos Maiores nos mostram os eventos importantes em nossa vida e são como os temas de nossas histórias. Os Arcanos Menores apresentam o nosso cotidiano e são como o enredo e o cenário da nossa vida. As Cartas da Corte dão vida às histórias, porque retratam as pessoas nelas. Elas podem nos representar em nossos vários papéis e aspectos e também a outras pessoas. Quando uma carta representa alguém envolvido em determinada situação, ela fornece informações sobre como essa pessoa é e também o que a motiva, para que você possa encontrar maneiras de trabalhar com ela de uma forma mais eficaz. Algumas pessoas dizem que as Cartas da Corte são difíceis. Bem, elas não são mais difíceis do que os humanos reais.

Há algumas coisas importantes a serem lembradas sobre as Cartas da Corte. Primeiro, lembre-se de que no Tarô o gênero é simbólico. Só porque a Rainha de Pentáculos é retratada por uma mulher, não significa que ela representa uma mulher literalmente; pode ser um aspecto de qualquer ser humano, macho ou fêmea ou não binário. Da mesma maneira, a idade é simbólica e não cronológica. Um jovem em uma carta significa qualquer pessoa que se sinta jovem ou inexperiente naquela situação específica, não necessariamente juvenil. Se você usa inversões, é comum usar os traços de personalidade mais negativos para o significado invertido.

O PAJEM

Retratados como pessoas mais jovens, os Pajens têm todas as caraterísticas da juventude. São entusiasmados, entusiastas, assustados, nervosos, impacientes e curiosos. Possuem sentimentos que podem não compreender e gostam de experimentar coisas que lhes parecem estranhas. O Pajem deseja se envolver, descobrir o seu próprio poder, ser valorizado e visto como ser humano. Compreender as suas motivações e o que o move nos dá uma ideia da melhor forma de trabalhar com ele. Se a carta representa a si próprio, ajuda-o a compreender as suas necessidades na situação.

Além disso, os Pajens estão no meio da aprendizagem de algo novo; são estudantes. Isto significa, claro, educação formal ou mesmo aprendizagem informal ou casual. Pode também significar aprender algo de novo apenas na vida. Qualquer pessoa de qualquer idade pode se tornar um estudante de algo. Mudança de carreira, o fim das relações a longo prazo, crianças que se mudam, todos esses eventos que transformam a nossa vida fazem de nós estudantes, com todas as emoções e medos que isso traz. Tente compreender pelo que essas pessoas estão passando, mostre alguma compaixão e será capaz de resolver qualquer coisa com elas.

PAJEM DE BASTOS

Palavras-chave: estudante, curioso, entusiasta, jovem, inexperiente, voluntarioso, ego, paixão, instinto, orientado para a ação.

Os Pajens estão sempre aprendendo algo, em um ambiente formal ou como uma nova experiência. Entenda o que eles estão passando e você poderá trabalhar de forma mais eficiente.

Energéticos, carismáticos e afeiçoados, os Bastos costumam ser líderes. Fazer as coisas rapidamente pode levar a assumir muito ou não terminar aquilo que começou.

A confiança desse jovem Pajem quer brilhar, mas seu ego frágil atrapalha. Ele tem medo de parecer ridículo, mas quer mergulhar em cada nova experiência. Sua energia e instintos estão entre seus maiores trunfos. Quando entediado, ele é nervoso, imprevisível e até perigoso. Ele precisa de ajuda para conter sua dependência de validação externa, sua raiva, sua frustração e, para ser franco, suas birras, a fim de amadurecer. Dada a oportunidade de explorar, crescer e brilhar, ele tem potencial para ser muito poderoso.

PAJEM DE COPAS

Palavras-chave: estudante, curioso, entusiasta, jovem, inexperiente, emocional, criativo, intuitivo, reflexivo.

Os Pajens estão sempre aprendendo algo, em um ambiente formal ou como uma nova experiência. Entenda o que eles estão passando e você poderá trabalhar de forma mais eficiente.

Sensíveis, amorosos e criativos, os naipes de Copas apreciam a beleza, a arte em todas as formas e a conexão com os outros. Às vezes levam as coisas muito para o lado pessoal.

Cheia de curiosidade e de admiração, esta jovem Pajem de Copas retratada na imagem mergulha no que quer que esteja aprendendo e experimentando. Quando se compromete com alguma coisa, ela está em tudo e com toda seriedade. Ela precisa de orientação para aprender a proteger seu coração sem se tornar cética. A imaturidade, as expectativas irreais, a sensibilidade excessiva e a tendência ao sigilo podem torná-la difícil de lidar. Quando lhe for dado um lugar seguro para explorar, ela descobrirá os recursos emocionais necessários para amadurecer e se tornar uma adulta sensível e atenciosa.

PAJEM DE ESPADAS

Palavras-chave: estudante, curioso, entusiasta, jovem, inexperiente, lógico, racional, inteligente, comunicativo, decisivo.

Os Pajens estão sempre aprendendo algo, em um ambiente formal ou como uma nova experiência. Entenda o que eles estão passando e você poderá trabalhar de forma mais eficiente.

Inteligentes, excelentes comunicadores e amantes dos fatos, os naipes de Espadas são idealistas, mas podem se comprometer demais com o que consideram a verdade.

Seguro de si e muito inteligente, este Pajem adora praticar suas habilidades. Seus ideais e sua busca pela verdade impulsionam sua procura pela perfeição. Ele não tem delicadeza e às vezes empunha sua espada como se fosse um bastão. Este Pajem coleta informações como uma gralha e, infelizmente, às vezes pode ser fofoqueiro ou ofensivo com suas palavras. Ele precisa de experiência para liberar sua natureza crítica e parar de simplificar demais as situações. Quando mostrado como navegar pelos "tons de cinza" enquanto mantém os ideais, ele pode se tornar um pensador criativo, inovador e pensar "fora da caixinha".

PAJEM DE PENTÁCULOS

Palavras-chave: estudante, curioso, entusiasta, jovem, inexperiente, prático, cauteloso, generoso, capaz, engenhoso.

Os Pajens estão sempre aprendendo algo, em um ambiente formal ou como uma nova experiência. Entenda o que eles estão passando e você poderá trabalhar de forma mais eficiente.

Práticos, realistas e cautelosos, os Pentáculos são engenhosos e pacientes. Eles podem escorregar para o materialismo, ganância e preguiça.

Esta jovem Pajem retratada na carta é questionadora e capaz, tem uma enorme curiosidade sobre o mundo físico e ama a conexão entre os reinos material e espiritual e se orgulha de estar preparada. Ela pratica com paciência e humildade. Os Pajens geralmente são colecionadores, seja de informações, seja de itens físicos. Devido a sua conexão com o mundo material, um Pajem de Pentáculos precisa de orientação para evitar a ganância, a acumulação ou o materialismo. Uma vez que desenvolva uma compreensão equilibrada da conexão entre os reinos físico e espiritual, eles serão capazes de mover montanhas pelas razões certas.

O CAVALEIRO

Os Cavaleiros são conhecidos por se apegarem a uma ideia e segui-la a todo custo, mas principalmente por precisarem agir. Eles são muito focados em uma tarefa específica e podem não estar cientes de tudo o que acontece ao seu redor. Possuem muita energia, alguma experiência e muitas opiniões. Sua confiança pode ser esmagadora, mas também pode ser canalizada e usada para um efeito positivo. Entenda que eles precisam de algo em que realmente acreditam antes de se comprometerem com um projeto ou curso de ação. Seus naipes dão pistas sobre o que eles mais valorizam. Descubra o que eles querem, dê a eles uma tarefa clara e deixe-os fazer o que for preciso.

Às vezes, os Cavaleiros não estão interessados na missão de outra pessoa, então você pode não conseguir envolvê-los ou canalizar sua energia de uma maneira que apoie seus objetivos. Nesses casos, é melhor limpar o caminho e ficar fora dele. Sua velocidade e cegueira seletiva (para todos, menos para seus próprios objetivos) podem levá-los a causar estragos nos planos mais bem elaborados.

CAVALEIRO DE BASTOS

Palavras-chave: guerreiro, rápido, confiante, imaturo, um pouco experiente, voluntarioso, ego, paixão, instinto, orientado para a ação.

Os Cavaleiros são muito focados em uma tarefa específica e podem não estar cientes de tudo que está acontecendo ao seu redor. Entenda o objetivo deles para envolvê-los ou evitá-los.

Energéticos, carismáticos e afeiçoados, os Bastos costumam ser líderes. Fazer as coisas rapidamente pode levar a assumir muito ou não terminar aquilo que começou.

Impulsionado pela vontade e pela paixão, este Cavaleiro quer o seu próprio caminho e não vai parar por nada até conseguir ou até que seja distraído pela próxima ideia incrível. Se você o quer ao seu lado, vai ter de capturar sua atenção caprichosa. Uma vez que fizer isso, ele vai dedicar sua energia ilimitada e sua percepção instintiva à sua causa. Quando deixado por conta própria, ele quase sempre fica alheio a qualquer dano que possa causar durante sua missão. Felizmente, tal intensidade nunca dura muito. Então, se você não puder envolvê-lo, apenas fique fora do caminho dele até que ele se canse.

CAVALEIRO DE COPAS

Palavras-chave: guerreiro, rápido, confiante, imaturo, pouco experiente emocional, criativo, intuitivo, reflexivo.

Os Cavaleiros são muito focados em uma tarefa específica e podem não estar cientes de tudo que está acontecendo ao seu redor. Entenda o objetivo deles para envolvê-los ou evitá-los.

Sensíveis, amorosos e criativos, os naipes de Copas apreciam a beleza, a arte em todas as formas e a conexão com os outros. Às vezes levam as coisas muito para o lado pessoal.

Este Cavaleiro é um sonhador romântico, que quer mais do que tudo seguir seu coração. Sendo um Cavaleiro, ele pode estar mais interessado em ideais românticos, expressões artísticas e fantasias do que em relacionamentos reais. Ele está disposto a passar por emoções tumultuadas se isso for necessário para alcançar seu Santo Graal. Quando se torna muito focado, pode negligenciar outros aspectos de sua vida. Ele é menos distraído do que outros Cavaleiros e pode ser difícil se afastar de sua missão atual. A lógica não vai dissuadi-lo da importância do desejo de seu coração.

CAVALEIRO DE ESPADAS

Palavras-chave: guerreiro, rápido, confiante, imaturo, pouco experiente, lógico, racional, inteligente, comunicativo, decisivo.

Os Cavaleiros são muito focados em uma tarefa específica e podem não estar cientes de tudo que está acontecendo ao seu redor. Entenda o objetivo deles para envolvê-los ou evitá-los.

Inteligentes, excelentes comunicadores e amantes dos fatos, os naipes de Espadas são idealistas, mas podem se comprometer demais com o que consideram a verdade.

Quando convencido de que sua visão é um fato, este Cavaleiro vai fugir para essa verdade com tudo o que puder: com sua lógica formidável, seus argumentos hábeis e suas evidências (às vezes escolhidas a dedo). Ele se apega tanto aos seus ideais quanto à sua Espada. Um guerreiro de palavras pode criar mudanças incríveis e benéficas no mundo, ou pode destruir uma pessoa com observações contundentes e palavras afiadas. Ele não tem experiência estratégica, mas o que lhe falta em visão de longo alcance compensa em velocidade.

CAVALEIRO DE PENTÁCULOS

Palavras-chave: guerreiro, rápido, confiante, imaturo, pouco experiente, prático, cauteloso, generoso, capaz, engenhoso.

Os Cavaleiros são muito focados em uma tarefa específica e podem não estar cientes de tudo que está acontecendo ao seu redor. Entenda o objetivo deles para envolvê-los ou evitá-los.

Práticos, realistas e cautelosos, os Pentáculos são engenhosos e pacientes. Eles podem escorregar para o materialismo, ganância e preguiça.

O epítome da devoção, este jovem Cavaleiro traz resistência e paciência para qualquer tarefa que assume. Ele é menos movido por ideais, em vez disso, está mais interessado em completar um objetivo com sua melhor habilidade possível. O mais lento dos Cavaleiros sabe que o tempo é importante e vai esperar o momento certo de agir. É também o mais estável dos Cavaleiros e pode ser confiável em quase todos os trabalhos. Sua cautela pode ser um benefício, mas também uma fraqueza. Todo crescimento requer risco, de modo que às vezes ele fica preso em ciclos difíceis de sair.

A RAINHA

As Rainhas estão interessadas em conexões e relacionamentos. Fora da Corte, elas são mais propensas a serem verdadeiras amigas e aliadas. Rainhas têm experiência, maturidade e autoridade. Seja em uma capacidade formal, seja de maneira casual, elas gostam do papel de professora, conselheira ou mentora. Vale a pena ter uma por perto. Confie nelas para obter apoio e orientação. Quando elas aparecem em uma tiragem, são como um presente, mas você tem que se convencer a abri-lo. Seus naipes dão pistas sobre a cobertura do seu apoio e como acessá-lo. Se a carta representa você, ela lhe diz qual aspecto de si mesmo vai ajudar melhor na situação.

Rainhas são como qualquer outra pessoa, porém, às vezes elas têm seus próprios objetivos e fraquezas. Mais uma vez os naipes podem ajudar a identificá-las para que você possa ter cuidado e evitar se envolver em bagunças que não são suas.

RAINHA DE BASTOS

Palavras-chave: educação, observação, perspicácia, maturidade, experiência, voluntariedade, ego, paixão, instinto, orientada para a ação.

Rainhas estão interessadas em conexões e relacionamentos. Frequentemente são da área da educação e de mentorias, formais ou informais. Confie nelas para obter apoio e orientação.

Energéticos, carismáticos e afeiçoados, os Bastos costumam ser líderes. Fazer as coisas rapidamente pode levar a assumir muito ou não terminar aquilo que começou.

Forte e confiante, esta poderosa Rainha se destaca em inspirar os outros. Como a ousadia lhe serviu bem e porque o tédio e a ousadia geralmente não andam juntos, ela incentiva os outros a agir com coragem. Ela sinceramente quer que você seja o melhor que pode ser e pensa que sabe o que é isso. Devido aos seus instintos aguçados, geralmente está certa. No entanto, ela pode forçar demais e com sua personalidade forte, fica difícil resistir. Seu impulso apaixonado é inspirador, mas pode ser esmagador para alguns.

RAINHA DE COPAS

Palavras-chave: educação, observação, perspicácia, maturidade, experiência emotividade, criatividade, intuição, reflexão.

Rainhas estão interessadas em conexões e relacionamentos. Frequentemente são da área da educação e de mentorias, formais ou informais. Confie nelas para obter apoio e orientação.

Sensíveis, amorosos e criativos, os naipes de Copas apreciam a beleza, a arte em todas as formas e a conexão com os outros. Às vezes levam as coisas muito para o lado pessoal.

Esta rainha das águas prospera em relações profundas e pessoais. Ela sente que o mundo sempre pode usar uma complexidade mais rica e de verdadeira beleza, portanto, a Rainha é a favor de somar de todas as maneiras que puder, seja como artista, seja como apoiadora. Devido a sua forte intuição e sensibilidade, ela observa muito e pode dar orientações sólidas, especialmente em termos de conexão pessoal ou expressão criativa e sincera. Alguns podem achar sua intimidade enjoativa ou desanimadora, porque ela pode ser carente. Mas ela é um doce bálsamo para qualquer alma que precisar de empatia e gentileza.

RAINHA DE ESPADAS

Palavras-chave: educação, observação, perspicácia, maturidade, experiência lógica, racionalidade, inteligência, comunicação, decisão.

Rainhas estão interessadas em conexões e relacionamentos. Frequentemente são da área da educação e de mentorias, formais ou informais. Confie nelas para obter apoio e orientação.

Inteligentes, excelentes comunicadores e amantes dos fatos, os naipes de Espadas são idealistas, mas podem se comprometer demais com o que consideram a verdade.

Esta Rainha provou o bom e o mau da vida, então ela não é nada ingênua. Geralmente não é amarga nem cínica, mas tem uma inteligência perversa que às vezes pode ser cruel. Ela aprendeu a cuidar de si mesma e avançar em seus objetivos. Sua mente aguçada e discernimento impecável podem identificar a decepção a um quilômetro de distância ou desfazer o nó mais emaranhado para encontrar a verdade no centro de qualquer confusão. Ela é incrível na elaboração de estratégias e está disposta a ajudar os outros, desde que isso não afete negativamente a ela ou a seus planos.

RAINHA DE PENTÁCULOS

Palavras-chave: educação, observação, perspicácia, maturidade, experiência praticidade, cautela, generosidade, capacidade, engenhosidade.

Rainhas estão interessadas em conexões e relacionamentos. Frequentemente são da área da educação e de mentorias, formais ou informais. Confie nelas para obter apoio e orientação.

Práticos, realistas e cautelosos, os Pentáculos são engenhosos e pacientes. Eles podem escorregar para o materialismo, ganância e preguiça.

Silenciosa, prática e caseira, esta Rainha é mais feliz em casa ou onde quer que se sinta segura. Muitas vezes trabalhando nos bastidores, é ela quem garante que todos os detalhes sejam atendidos e que todos os recursos sejam usados em todo o seu potencial. Além disso, provavelmente ela vai ter tudo que precisa em sua bolsa. Não importa o que decida fazer, desde criar uma nova receita até abrir um negócio, a Rainha o faz de forma impecável. Sua visão não se limita à decoração ou à comida. Ela pode criar um portfólio de aposentadoria com a mesma facilidade com que pode usar acessórios para uma roupa.

O REI

Os Reis representam pessoas com experiência e autoridade. Eles se concentram no quadro geral e no bem maior, em vez de nos relacionamentos individuais. Geralmente são responsáveis pelos outros, por recursos ou por política. Mesmo nos relacionamentos pessoais, os Reis na maioria das vezes têm um ponto de vista diferente dos outros. Nas leituras, representam alguém que deve ter ou tem controle sobre os recursos que você precisa ou deseja. Fora da Corte ele pode significar alguém que você talvez não conheça pessoalmente ou não tenha acesso à pessoa.

Como os Reis são mais distantes e difíceis de alcançar, estabelecer uma conexão pode ser complicado. É importante conhecer suas motivações e seus impulsos. Entender como se aproximar deles pode ajudar a fazer esse contato. Uma vez que tiver a atenção deles, conhecer suas motivações vai permitir que você apresente seu caso de uma maneira mais provável de obter apoio. Seus naipes lhe dizem como fazer isso.

REI DE BASTOS

Palavras-chave: autoridade, equilíbrio, poder, maturidade, experiência, voluntariedade, ego, paixão, instinto, orientado para a ação.

Os Reis gerenciam os recursos, geralmente em um ambiente de grupo. Eles se concentram no quadro geral. Obtenha sua experiência e autoridade.

Energéticos, carismáticos e afeiçoados, os Bastos costumam ser líderes. Fazer as coisas rapidamente pode levar a assumir muito ou não terminar aquilo que começou.

Este Rei adora planos ousados. Ficar sentado quieto ou esperando silenciosamente são as piores coisas que qualquer um pode pedir a ele. O Rei procura canais que direcionam sua paixão e energia ilimitadas para realizar algo que valha a pena. Objetivos mundanos, medíocres ou meramente práticos têm pouco interesse para ele. Para ganhar seu apoio, mostre como um plano pode promover seus objetivos, envolver sua paixão ou usar sua energia e recursos de maneiras emocionantes. Não o incomode com apelos emocionais, argumentos detalhados ou conclusões precipitadas.

REI DE COPAS

Palavras-chave: autoridade, equilíbrio, poder, maturidade, experiência, emocional, criativo, intuitivo, reflexivo.

Os Reis gerenciam os recursos, geralmente em um ambiente de grupo. Eles se concentram no quadro geral. Obtenha sua experiência e autoridade.

Sensíveis, amorosos e criativos, os naipes de Copas apreciam a beleza, a arte em todas as formas e a conexão com os outros. Às vezes levam as coisas muito para o lado pessoal.

Embora sensível e compassivo, este Rei não é fácil. Sua maior luta é equilibrar seu coração (e o coração dos outros) e ser tolerante com suas responsabilidades e o bem maior. Ele quer liderar com gentileza enquanto estabelece sistemas eficazes. Tentar fazer todo mundo feliz é difícil e ele surfa nas ondas de suas próprias emoções e dos outros o melhor que pode, mantendo o equilíbrio e fazendo o que deve ser feito. Mesmo sendo guiado pelo coração, o Rei não está interessado em explosões emocionais imaturas.

REI DE ESPADAS

Palavras-chave: autoridade, equilíbrio, poder, maturidade, experiência, lógico, racional, inteligente, comunicativo, decisivo.

Os Reis gerenciam os recursos, geralmente em um ambiente de grupo. Eles se concentram no quadro geral. Obtenha sua experiência e autoridade.

Inteligentes, excelentes comunicadores e amantes dos fatos, os naipes de Espadas são idealistas, mas podem se comprometer demais com o que consideram a verdade.

Este Rei serve aos ideais da razão, da verdade e da lógica. Ele faz isso por meio de planos inteligentes, estratégias complexas e excelente comunicação. Embora possa parecer frio, distante e contido, ele também deve se sentir confortável para dar o seu melhor. Seu verdadeiro lugar seguro é definido por regras claras. Seu trabalho, pelo menos em sua mente, é descobrir a verdade de qualquer situação, pergunta ou problema e implementar essa verdade por meio de sistemas e processos. Este Rei não tem paciência para excessos de paixão, emoções ou pragmatismo.

REI DE PENTÁCULOS

Palavras-chave: autoridade, equilíbrio, poder, maturidade, experiência, prático, cauteloso, generoso, capaz, engenhoso.

Os Reis gerenciam os recursos, geralmente em um ambiente de grupo. Eles se concentram no quadro geral. Obtenha sua experiência e autoridade.

Práticos, realistas e cautelosos, os Pentáculos são engenhosos e pacientes. Eles podem escorregar para o materialismo, ganância e preguiça.

Aberto, amigável e calmo, este Rei é provavelmente o mais acessível dos Reis. Ele valoriza as coisas que tornam a vida agradável. Para ele, isso inclui uma casa e um espaço de trabalho eficientes, um trabalho gratificante e itens de qualidade. Tornar as coisas mais fáceis e melhores são suas especialidades. Este Rei mede o sucesso pelo quanto se aproveita a vida, em vez de quantos recursos se tem. Possivelmente foi um Rei de Pentáculos que disse "trabalhar da maneira mais inteligente, não da mais difícil". Não desperdice o tempo dele com drama ou queixas minuciosas. A vida é muito curta para essas bobagens.

· CAPÍTULO 6 ·
TIRAGENS

As cartas de Tarô são como partes de uma história. A pergunta nos diz o tema central. A tiragem utilizada é o enredo. As cartas e suas interpretações contam a história. Você tem as perguntas, a interpretação e os significados. Tudo que precisa agora são as tiragens e então vai poder começar a tecer seus próprios contos.

Como as próprias cartas, as tiragens também são ferramentas. Elas não são sagradas. Você não vai fazer "da forma errada". Na verdade, é bem provável que descubra que gosta de criar suas próprias tiragens, seja para uso geral, seja para cada pergunta individual sobre a qual leu. Criar uma tiragem é a melhor maneira de garantir que tudo o que você quer saber seja representado. Algumas tiragens são especiais e você ama usá-las em suas leituras; há muitos leitores que trabalham dessa maneira. Ao analisar as tiragens neste capítulo, uma pode ser a sua preferida, exceto por uma ou duas posições. Sinta-se à vontade para eliminar ou redefinir as posições das tiragens. É completamente aceitável modificar da maneira que melhor lhe agrade.

Este capítulo traz algumas tiragens para você iniciar, começando com os métodos mais tradicionais e avançando em direção a alguns temas mais direcionados aos Magos. Você pode encontrar centenas de tiragens online e em outros livros, inventar a sua própria, ou modificar qualquer uma que encontrar. Caso esteja realmente interessado em conhecer mais tiragens, bem como em usá-las ou aprender a criar as suas próprias, confira meu livro *Tarot Spreads: Layouts and Techniques to Empower Your Readings*.

Leitura de Carta Única

A leitura mais simples é fazer uma pergunta e puxar uma carta. Este método funciona particularmente bem para pessoas muito intuitivas ou para aquelas que gostam de se aprofundar em uma carta.

Leitura de Três Cartas

A leitura de três cartas são as mais populares, tanto entre os iniciantes como para os leitores mais experientes. O número três é muito satisfatório para os seres humanos. Adoramos a completude disso. Há um começo, um meio e um fim implícito em qualquer coleção de três.

São necessários três pontos para fazer qualquer forma geométrica. Três é o número da harmonia, da sabedoria e da compreensão. A terceira vez é o resultado do encantamento. Contos de fadas e piadas usam o número três. Uma tiragem de três cartas apresenta todos os tipos de possibilidades. Esta tiragem normalmente é feita dispondo três cartas em uma linha horizontal, desta forma:

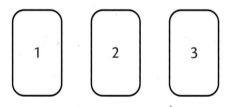

Veja alguns exemplos diferentes de significados de tiragens:

- Passado, presente, futuro
- Escolha A, escolha B, fator decisivo
- O que você tem, o que você precisa, o que você quer
- Problema, causa, solução
- Situação, ação, resultado

- Pontos fortes, pontos fracos, conselhos
- Corpo, mente, espírito
- Comece a fazer, pare de fazer, continue fazendo
- Você, seu relacionamento, seu parceiro

Tiragem Cruz Celta

A cruz celta é uma tiragem bem conhecida que as pessoas costumam amar ou odiar. Alguns acham o método limitante e outros acham libertador. Experimente você mesmo pelo menos algumas vezes antes de decidir o que pensa. Você pode ver outras versões desta tiragem. Afinal, ela já existe há mais de cem anos, então certamente haverá alternativas.

Uma razão pela qual alguns não gostam deste método é porque ele envolve muitas cartas, o que pode ser esmagador. No entanto, dividi-lo em tiragens menores torna isso mais fácil. Por exemplo, a primeira pequena tiragem é a cruz no centro, composta pela carta Significadora, pela carta de Cobertura e pela carta de Cruzamento. Essas cartas, lidas juntas, criam de forma muito concisa uma imagem da situação ou do conflito em relação ao consulente. A Carta 5, a Significadora e a Carta 6 juntas formam a familiar tiragem de três cartas do passado-presente-futuro. As cartas 6 e 10 mostram a tendência de eventos futuros. As cartas 3 e 9 dizem o que o consulente quer, espera ou teme. Ler essas cartas nessas combinações também permite que você use suas habilidades na leitura em pares de cartas e compostos elementais para adicionar nuances à leitura.

A carta Significadora é simplesmente aquela que representa você. No passado, os leitores atribuíam um Significador a um cliente com base no signo astrológico ou na aparência física. Os leitores modernos simplesmente consideram a posição como qualquer outra em uma tiragem. A carta é colocada como qualquer outra na leitura.

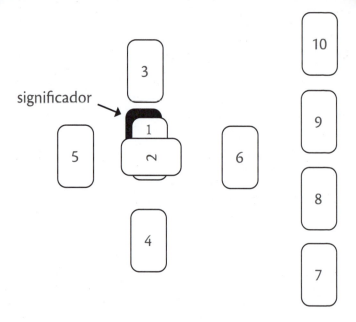

S. Significador: você

1. Coberturas: a influência que está afetando você

2. Cruzes: os obstáculos ou energias que trabalham contra você

3. Coroa: seu ideal ou objetivo

4. Fundação: a base ou fundação

5. Atrás: influências que já o afetaram, mas que agora isso está passando

6. Antes: o que provavelmente acontecerá a seguir

7. Você mesmo: como você se vê

8. Sua casa: as influências das circunstâncias ou das pessoas ao seu redor

9. Esperanças e medos: suas esperanças ou medos

10. O que virá: a culminação, resolução ou resultado

Suporte para sua Transformação

Quando as pessoas começam a explorar a magia, pensam que se trata de mudar o mundo, moldando-o de acordo com sua vontade. Há verdade nisso, é claro. Mas quanto mais você estudar magia, mais vai perceber que se trata de transformar a si mesmo. Já ouvi dizer sobre magia que você é o próprio feitiço e que seu trabalho é lançar a si mesmo. Esta leitura vai ajudar a fazer isso. Você pode usar esta tiragem sempre que sentir que sua transformação atual parou e quiser colocá-la em movimento novamente.

A maioria das leituras são feitas embaralhando um baralho completo. Com este Tarô também pode ser feito assim. Outra técnica é separar seu baralho em cinco outros baralhos menores: Arcanos Maiores, Bastos, Copas, Espadas e Pentáculos. Puxe a primeira carta dos Arcanos principais; a segunda carta do monte de Bastos; a terceira carta do monte de Copas; a quarta carta do monte de Espadas e a quinta carta do monte de Pentáculos.

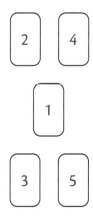

1. O que está pronto para transformar
2. Como alimentá-lo espiritualmente
3. Como alimentá-lo emocionalmente
4. Como alimentá-lo intelectualmente
5. Como alimentá-lo fisicamente

Seu Melhor "Eu"

Se você se depara com obstáculos enquanto aprende uma nova habilidade ou passa por uma experiência específica, essa tiragem pode ajudar a avançar. Ela pode identificar o problema principal e fornecer conselhos para superá-lo.

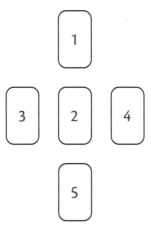

1. Objetivo: em que focar; o próximo estágio em seu progresso
2. Desafio: a natureza do desafio atual
3. Força: sua força que será mais útil
4. Fraqueza: o que você deve minimizar ou evitar fazer
5. Conselho: como usar sua força para contrabalançar sua fraqueza e superar com sucesso o desafio

Tiragem Mágica Real

Existem opiniões diferentes sobre os chapéus pontudos estereotipados que às vezes são encontrados nas cabeças das Bruxas, Magos, Mágicos e Feiticeiros. Alguns dizem que a conexão veio da ideia de que a ponta é como um chifre e, portanto, conectada com o diabo cristão, embora isso pareça absurdo para mim. Eu gosto da ideia de que esses chapéus pontudos representam uma prática mágica conhecida como "Cone de Poder", no entanto, eu realmente não sei se isso é uma conexão real. O Cone de Poder descreve quando um usuário de magia aumenta a energia mágica e a direciona de acordo com sua vontade.

Use a Tiragem Mágica Real para olhar para qualquer situação ou questão com novos olhos. Este método pode ajudá-lo a ver aquilo que foi perdido e descobrir algumas ideias mágicas.

A linha inferior da tiragem, cartas de 1 a 3, representa a coleta de energia (ou recursos), que é o primeiro passo para criar um Cone de Poder. A segunda linha, cartas 4 e 5, concentra-se em como aumentar e amplificar a energia. A carta do topo da pirâmide, a 6, mostra como você planeja direcionar a magia que reuniu. As cartas da 7 a 9 são o desfecho ou resultados.

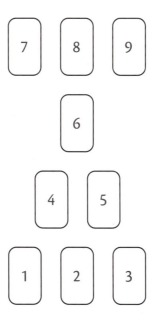

Coletando energia

Para realizar a magia no mundo, você direciona a energia de acordo com sua vontade. Como a maioria das coisas mágicas, esta é uma metáfora. Em termos mundanos, é assim: se você quer comprar algo caro (ou seja, é sua vontade adquirir aquilo), precisa juntar o dinheiro (energia) e entregá-lo à pessoa ou empresa que tem o item (direcionando a energia). Se a sua vontade é correr uma maratona, então você junta a energia (cria resistência através do treino) e a direciona para o objetivo (inscreva-se e compareça ao evento). Para fazer qualquer coisa, você precisa reunir energia, quer isso signifique algum tipo de recurso físico, capacidade mental ou habilidades, e depois direcioná-la para seu objetivo. Essa tiragem ajuda você a se preparar para qualquer projeto que queira realizar.

1. Aquilo que você tem: a energia ou os recursos que você tem, dando conta ou não disso.

2. Aquilo que você precisa: energia ou um recurso que beneficie a situação. Você deve fazer um esforço para adquiri-lo.

3. Quem vai ajudar: alguém que possa ajudá-lo. Essa pessoa pode estar bem debaixo do seu nariz, então não negligencie o valor de ninguém.

Amplificando a energia

4. O que fazer: ação que você deve tomar para aumentar o poder ou benefício da energia, ou recursos representados nas cartas 1–3.

5. O que não fazer: algo que seu Eu "não mágico" acredita ser uma boa ideia, mas que seu "eu mágico" sabe que será contraproducente na situação.

Direcionando a energia

6. Sua vontade: é o seu desejo, seu objetivo neste assunto, e determina como você está direcionando sua magia para este plano. É uma ótima oportunidade para ter a certeza de que suas intenções são aquilo mesmo que você pretende.

Resultado Prováveis

7-9. Resultados: estas cartas mostram os prováveis desfechos ou resultados do seu trabalho. Se o resultado não for o que você esperava, verifique novamente sua Vontade (carta 6).

> Dica bônus: se você não gostar de algum resultado, deixe esta tiragem e passe pelas cartas restantes para selecionar uma nova carta para sua Vontade (carta 6). Certifique-se de que você vai aceitar e realmente acreditar no que viu. Em seguida, embaralhe as cartas restantes e veja qual é o novo resultado. Você pode fazer isso até duas vezes. Se depois disso o resultado ainda não lhe agradar, considere desistir do projeto por enquanto. Depois de deixá-lo descansar por um tempo e talvez encontrar novas ideias, tente novamente.

Tiragem Alquímica

A alquimia, a ciência de transformar chumbo em ouro, é também uma metáfora para a transformação do Eu, que é onde reside a verdadeira magia do mundo. Essa tiragem guia você pelo complicado processo de transformação. Aqui está uma pista baseada na experiência pessoal: trabalhe apenas na transformação de um aspecto, hábito, padrão de pensamento, reação emocional, etc. de cada vez. Este é um trabalho árduo e é melhor mantê-lo focado para não ficar confuso ou sobrecarregado.

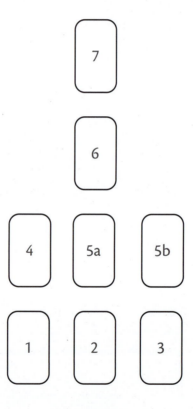

1. **Calcinação**: quais aspectos do seu Eu devem ser transformados?

   A calcinação é o processo de aquecimento e decomposição da matéria-prima em preparação para a transformação. Neste caso, significa pensar e identificar seu ego, dúvidas ou qualquer comportamento que não esteja alinhado com seus valores fundamentais.

2. **Dissolução:** como esse aspecto é contrário ao seu Eu ideal?

   A dissolução é o processo de remoção de material desnecessário. Ao ver realmente as maneiras pelas quais seu comportamento não está apoiando seus ideais centrais e vendo de maneira clara exatamente que tipo de energia suas ações estão colocando no mundo, você pode começar a eliminar o que não quer mais.

3. **Separação:** qual é a principal maneira de expressar o aspecto a ser transformado?

   A separação é o processo, bem, de separar e identificar materiais para vê-los e avaliá-los claramente. Todos nós aprendemos a nos comportar em detrimento ao nosso comportamento autêntico. Se tivermos sorte, eles são a mesma coisa, mas na maioria das vezes são diferentes, e é aqui que muitas de nossas lutas entram. Este passo encoraja você a olhar para seus comportamentos de perto para que possa decidir quais são autênticos e quais você faz por obrigação ou medo ou mesmo apenas por hábito.

4. **Conjunção:** nova consciência sobre o aspecto a ser transformado.

   Conjunção é o processo de deixar tudo ferver por um tempo. Você pode pensar que todos os seus pensamentos e sentimentos foram analisados e classificados, mas ainda existe mais. Você limpou algum espaço e criou alguma clareza, e agora vem a parte difícil: esperar pacientemente e em silêncio, prestando atenção a quaisquer pensamentos e sentimentos que borbulham do seu inconsciente e apareçam na consciência.

5. **Fermentação:** liberação do velho e renascimento do novo.

   O processo de fermentação começa com a decomposição do seu antigo Eu e termina com uma nova visão e uma nova vida.

   - 5a. putrefação: o que esperar quando o aspecto a ser transformado morre.
   - 5b. espiritualidade: o que esperar quando seu renascimento começar.

6. **Destilação:** como melhor apoiar e nutrir seu renascimento.

   A destilação é o processo de integrar o material de nós mesmos de volta a um todo. Para este trabalho alquímico interior, a destilação significa engajar-se em práticas e comportamentos que refletem seu novo Eu emergente.

7. **Coagulação:** este é seu novo Eu transformado!

   A coagulação é o processo pelo qual dois opostos se tornam um. Seu Eu ideal e seu eu real cotidiano, que trabalha, limpa a casa, realiza tarefas, e assim por diante, estão em harmonia.

· CAPÍTULO 7 ·
O CAMINHO MÁGICO

O *Wizards Tarot* pode ser usado como qualquer outro baralho de Tarô. Os aspectos mágicos não negam ou anulam os significados tradicionais das cartas. Neste capítulo, examinaremos mais de perto alguns dos símbolos usados nas cartas e um pouco da sabedoria que eles esperam compartilhar. Para muitos leitores de cartas, aqui é onde o incrível potencial do Tarô é encontrado. O verdadeiro poder dessa prática não é predizer o futuro, mas, sim, dizer quem você é, porque quem você é determinará seu futuro.

O verdadeiro objetivo do Caminho de um Mago (assim como de outras práticas espirituais) é ter total controle sobre si mesmo e total livre-arbítrio. O que é essencialmente a mesma coisa. Enquanto for reativo ao invés de responsivo, você não terá livre-arbítrio, porque estará sendo controlado por circunstâncias externas ou laços mentais ou emocionais internos (às vezes chamados de "gatilhos"). A maneira como você pensa e sente pode influenciar suas ações, e suas ações podem moldar como você pensa e sente. É outra maneira de expressar o ditado "como acima, abaixo" em nossa vida. Outro tema que o Tarô aborda é o equilíbrio. Manter o equilíbrio, não importa em que situações você se encontre, é uma ótima maneira de manter o controle de si mesmo. Vamos explorar esses temas conhecendo as cartas.

Muitos leitores veem os Arcanos Maiores do I ao XXI como uma jornada espiritual que o Louco, o 0, faz. É a busca arquetípica que enfrentamos ao longo de nossa vida, chamada de "Jornada do Louco". A maneira mais comum de ver essa experiência é fazendo uma tiragem em ordem de três fileiras de sete cartas cada, com o Louco sozinho no topo. A primeira linha é o início, ou em termos da Jornada do Herói, a partida. A segunda linha é o meio, ou a Iniciação. A terceira linha é o final, ou o retorno. Se você conhece o trabalho de Joseph Campbell, isso soará muito familiar. Você pode descobrir mais sobre essa maneira de explorar a Jornada do Louco em livros que escrevi, em outros livros de Tarô e até online. Na verdade, você pode até ver uma série que escrevi sobre o assunto no blog Llewellyn. O primeiro artigo da série se chama *"A Study of the Fool's Journey 1"*.

Outra maneira de olhar para a Jornada do Louco é com o conceito de separação e conexão. O Louco deixa sua existência como parte de tudo o que é para se tornar seu verdadeiro Eu único. No entanto, parte de sua alma continua ansiando pela reconexão com o Divino. A primeira parte da jornada, então, começa com a "queda" do Louco no reino material e continua com a descoberta de tudo o que ele é exclusivamente. A segunda parte da jornada é como o Louco encontra a conexão. Use qualquer uma dessas ideias (a jornada do herói em três partes ou a jornada de separação--conexão em duas partes) por conta própria para ajudá-lo a esclarecer suas próprias crenças sobre seu caminho e sua relação com as cartas.

Enquanto isso, veja alguns dos temas das cartas individualmente. Nem todas as cartas terão algo específico a ser observado, portanto, não se preocupe se não houver inscrições em cada carta. Não é um erro de impressão. Um dos desafios de escrever interpretações de cartas é tentar manter todos os tipos de informações fornecidas consistentes em cada verbete de cada carta. Este capítulo é menos estruturado e pretende ser uma visão casual de alguns dos aspectos interessantes de certas cartas.

Como mencionado na introdução, não havia como criar um baralho mágico sem ser influenciado pela literatura e pelos filmes que eu amava. Eu sei que muitos de vocês que se interessam por Magos têm seus próprios livros, séries e filmes favoritos. Menciono algumas das referências mais evidentes a livros e programas específicos nas notas a seguir. Não é necessário estar familiarizado com elas para entender a carta. E quem sabe, talvez você encontre uma nova série para se apaixonar!

O Louco começa sua jornada como uma moça de alma inocente com um desejo de vir a Ser. A rosa branca representa inocência e pureza, enquanto a pena vermelha indica sua vontade, seu desejo de se expressar no mundo. Seu companheiro, o cão branco, pode ser sua consciência, uma distração, ou talvez seja algo que evolui para o leão da carta da Força. Os símbolos são multifacetados e em camadas. Eles podem significar uma coisa neste momento e outra no momento seguinte. Seu cajado e sua pequena bolsa podem ser suas vidas passadas, sua compreensão inata dos elementos ou as habilidades naturais com as quais ela nasceu. A maioria das imagens do Louco mostra uma figura olhando para cima, não prestando atenção para onde está pisando, portanto, mais caindo do penhasco do que escolhendo pular. Eu gosto da ideia de que aqui ela está tomando a decisão de pular. Sua vontade, o propósito único de sua alma, a incita a se manifestar, mas a parte dela que ama a conexão com o espírito tem algumas reservas. Essa maneira de pensar sobre isso enfatiza a ideia de que ela tem uma escolha, e que tem realmente livre-arbítrio, que é um tema crucial nos estudos sobre magia.

O Mago representa a personificação da vontade, a parte do Louco que quer se manifestar e se expressar no mundo; podemos pensar nessa parte de nós mesmos como nosso ego. O Mago é tudo sobre como o mundo funciona e o que ele pode fazer nesse mundo. É uma carta muito focada externamente, embora também seja a personificação de "como acima, assim abaixo". Ele sabe que extrai energia de outro lugar e a direciona através de si mesmo para a realidade, criando mudanças. Ele está cercado pelos símbolos do Tarô para os quatro elementos clássicos: Bastos/Fogo, Copas/Água, Espada/Ar e Pentáculo/Terra. E está em cima de um Pentáculo, que é um símbolo incrivelmente importante e poderoso e representa os quatro elementos clássicos servindo ao espírito (a ponta superior da estrela) e circunscrito por um círculo, mostrando que todo esse poder está contido na vontade humana. Seu chapéu tem um símbolo do infinito e há um ouroboros ao redor de sua cintura, ambos reconhecendo a interconexão de todas as coisas. As flores vermelhas e brancas em sua camisa ressoam com a pena vermelha do Louco e a rosa branca.

A Alta Sacerdotisa representa a parte de nós mesmos que se lembra e anseia por conexão com o Divino, com o espírito, com tudo o que é. Ela é mais comumente associada à nossa intuição, mais especificamente àquela parte de nós mesmos que sabe de maneira diferente, que compreende em um nível subconsciente, portanto, muitas vezes sem palavras. Seu vestido flui para trás e se torna um com a água no chão, fortalecendo essa conexão com o subconsciente. Ela está diante de dois pilares, guardando a entrada para uma experiência iniciática. Parte desta Iniciação é que, embora você possa se preparar para ela por meio de práticas espirituais, não pode saber exatamente o que esperar. Você deve entrar nisso às cegas, e o teste é como vai responder ao que experimentar durante a Iniciação. As romãs nas mangas de seu vestido evocam o mito de Perséfone, que viaja entre o Submundo e o mundo físico.

A Imperatriz, como a Alta Sacerdotisa, tem romãs retratadas em sua carta, mas desta vez pensamos em Deméter, a mãe de Perséfone, que segurou o mundo no inverno até que sua filha fosse devolvida. A Imperatriz é a grande mãe, a terra e os ciclos da vida.

O Imperador é o grande pai e a energia do Sol, companheiro e igual à Imperatriz. A Imperatriz e a terra fornecem os recursos necessários à vida, já o trabalho do Imperador é garantir que os recursos durem por todo inverno para que a comunidade possa sobreviver.

O Hierofante é o professor arquetípico. Ele ensina como fazer as coisas. O mais importante é que ele ensina o porquê de fazer as coisas. Muitas vezes o confundimos com líderes de igrejas do mundo real de várias religiões (geralmente cristãs), portanto, muitos de nós tem uma opinião negativa sobre esta carta. Lembre-se de que ele simboliza a versão ideal de um professor, aquele que incentiva a pensar por si mesmo. Seu principal objetivo é criar um espaço onde você tenha clareza sobre seus valores, sobre os ideais mais elevados que moldam suas crenças, pensamentos e ações. Seu chapéu de três camadas e as estrelas em seu manto representam a ideia de que tudo flui de sua Estrela do Norte interna. Em suma, ele quer que você esteja totalmente no controle de si mesmo, portanto, totalmente livre.

Uma flor de lótus rosa aparece no chapéu do Hierofante e em outras cartas neste Tarô. Este não é um símbolo tradicional no baralho RWS, mas um que adotei. Como todos os símbolos, este também tem muitos significados, como renascimento, pureza e despertar espiritual. A flor de lótus se enraíza na lama e cresce na água, limpa e adorável.

Muitas pessoas pensam que a carta dos AMANTES é sobre amor e romance, ou pelo menos sobre algo pelo qual somos apaixonados. Às vezes falamos sobre a carta como a união de opostos, o que na prática é tão vago quanto parece. Astrologicamente, esta carta está associada ao signo de Gêmeos e ao elemento Ar, portanto, trata-se de escolhas. Normalmente, quando as cartas evoluíram ao longo do tempo, elas se aproximam dos valores modernos. Cartas mais antigas mostravam um homem escolhendo entre duas mulheres. Mas com a ascensão do amor romântico, a imagem mudou para apenas duas pessoas se unindo. Como a maioria das leituras divinatórias é sobre amor, faz sentido que os Amantes estejam presos a essa interpretação. O que estamos vendo na carta, no entanto, não é necessariamente encontrar o amor da sua vida, mas fazer uma escolha que faça seu coração e sua alma se sentirem completos (unindo todos os aspectos de si mesmo). Isso pode significar escolher uma pessoa ou um determinado caminho, trabalho, projeto ou grupo. As cartas tradicionais mostram um anjo acima do casal, abençoando-os. Aqui temos o Pentáculo, indicando que a escolha é feita conscientemente e de forma que honre todas as partes de você, inclusive o seu espírito.

O CARRO é uma carta fascinante. Como a última carta da primeira sequência de sete, esta é a culminação de todas as lições e feridas adquiridas nas cartas anteriores. É por isso que muitas imagens do Carro incluem símbolos ligando-as às seis primeiras cartas. O caminho arquetípico do Tarô é a história de uma jornada ideal. No entanto, a vida real nem sempre é ideal. Não aprendemos apenas lições de vida úteis e saudáveis. Às vezes, somos feridos de maneiras que mudam nosso comportamento ou processos de pensamento daqui para frente. É essa bagagem que carregamos conosco, assim como nossas habilidades e sabedoria. A bagagem nos serve de base para as lições que vamos aprender na segunda fase da jornada, assim como as habilidades e a sabedoria que vão nos ajudar a lidar com esses desafios.

A força fala sobre o poder mais difícil de todos: a capacidade de aceitação, perdão e cura de si mesmo. O dragão representa a sombra, onde tantos de seus tesouros estão escondidos. Através de feridas e experiências difíceis, partes de você foram separadas e rotuladas como "ruins". Mas é necessário ter todas as partes de si mesmo para viver o propósito de sua alma, então você precisa recuperar essas partes. Essas também são coisas que criam um Eu reativo ou os "gatilhos". É um trabalho árduo enfrentar nossos dragões internos mais assustadores, porém, necessário, isso se quisermos nos tornar as almas livres que nascemos para ser.

Comparado com outros arcanos, o Eremita é uma carta muito direta. Seu cajado representa tudo o que aprendeu e ele conta com sua ajuda para continuar a jornada. Gosto desta versão com a adição dos talismãs, enfatizando que o único cajado comporta multidões.

Muitas vezes, a Roda da Fortuna é visualmente a menos interessante das cartas Maiores, mas seu significado mais profundo é complexo e quase sempre negligenciado. Frequentemente, este arcano é representado como uma roda clássica, com criaturas andando por ela, com toda sorte subindo e descendo a cada volta. As versões modernas costumam mudar isso para outro tipo de roda, enfatizando os ciclos naturais da vida. Ambas as versões se conectam, mas têm uma abordagem ligeiramente diferente. Damos um aceno à teoria do caos e as fractais bordas externas. Os quatro anéis principais são os quatro elementos clássicos. O branco é a água, representada por flocos de neve (água congelada). O verde é terra, com folhas em crescimento. O amarelo é o ar e apresenta características astrológicas. O vermelho é o fogo e vem com runas soletrando o *abracadabra*. No centro está o Pentáculo, símbolo de todos os elementos a serviço do espírito e sob seu controle. As bordas externas são as incertezas ou eventos caóticos que podem desequilibrá-lo. Quanto mais perto você opera em direção à borda, mais reativo fica. Quanto mais próximo ao centro menos afetado por circunstâncias externas você é, ficando mais estável.

A Justiça no Tarô pode ser complicada. Mas estamos falando da Justiça humana ou da Justiça Universal (que às vezes chamamos de "carma")? A justiça é aplicada com base em intenções ou resultados? Como os Arcanos Maiores são arquétipos, faz mais sentido representar a Justiça Universal. É por isso que não há figura humana na carta.

Os Magos adoram estudar alquimia, o processo de transformar chumbo em ouro. Este processo é metafórico e significa que estamos mudando a nós mesmos, do nosso Eu básico para nosso Eu superior. Neste processo de transformação, chega um momento em que precisamos deixar de lado quem somos e conviver por um tempo sem saber em quem nos tornaremos. Como os Magos dependem tanto dos livros e do conhecimento para sua identidade, esse Mago é separado de sua biblioteca, de seu senso de identidade, enquanto se conecta às águas de seu subconsciente e recebe clareza, como mostra o Sol brilhando entre as árvores.

Há mais alquimia na Temperança. Seus sapatos têm os símbolos de Água e da Terra, enquanto as taças de ouro e prata em suas mãos são Fogo e Ar. O triângulo vermelho no colar representa o fogo. O ponto em seu chapéu envolto em um círculo vermelho simboliza o Sol. A Temperança está associada a Sagitário, um signo de Fogo. Na alquimia, existem diferentes graus ou tipos de fogo, e para que ocorra a verdadeira transformação pessoal, o Mago tem que acessar o grau mais alto do fogo, simbolizado aqui pelo Sol em seu chapéu. Usando a metáfora da lagarta e da borboleta, a Morte é o momento de deixar de ser borboleta. A Temperança é o tempo gasto no casulo, dissolvendo-se e reorganizando-se em algo novo.

Para muitos, o Diabo é mais difícil do que a Morte de se lidar e enfrentar. Após a Morte e a Temperança, nossos novos Eus estão prontos para enfrentar o mundo! E o Diabo diz: "Ah, sim? Você acha que está pronto? Vamos ver isso". E então o Diabo o coloca cara a cara com seus piores medos, seus vícios mais profundos, seus mais graves comportamentos, seus processos de pensamento insalubres e suas emoções mais vergonhosas. Mesmo que se sinta novo e melhorado, você fica chocado com a dificuldade desses desafios. A razão é porque esses hábitos foram cultivados por muitos anos. Você os nutriu. Deu vida a eles. Uma vez que algo receba a vida, ele lutará para permanecer vivo. Suas tendências diabólicas sabem quando você está falando sério e fazem todo o possível para frustrar suas boas intenções e sobreviver.

A Torre é outra carta direta, embora os leitores passem muito tempo a explicando, porque geralmente fazemos isso com o que consideramos um desafio. No processo de transformação, pode significar que, uma vez que você se transformou, muitas vezes sua vida desmorona. Você é diferente, a maneira como pensa e sente sua vida vai mudar. Por você ser diferente e as pessoas ao seu redor estarem acostumadas com isso, quando você muda seu comportamento, elas nem sempre sabem como responder. Isso pode lançar seus relacionamentos ao caos.

Após o trauma e a ansiedade do Diabo e da Torre, a Estrela traz a tão necessária cura e um espaço para descansar. As mesmas taças representadas pela Temperança estão simbolizadas também na carta da Estrela, mostrando que as realizações obtidas naquele momento estão sendo integradas. A mulher está de pé sobre a água, capaz de sustentá-la, mas sem ser consumida ou afogada por ela.

A Lua nos traz mais uma chance de enfrentar nossos demônios interiores. Tradicionalmente, a lagosta representa nossos medos mais profundos, subindo das águas do nosso subconsciente. Os dois cães simbolizam dois tipos de medos, internos e externos.

Quando encontramos o Sol, já perto do final da jornada, começamos a nos reconectar com a pureza e a paixão do Louco. O cavalo, o vestido e o chapéu, todos brancos, representam sua pureza e inocência de espírito. O fogo que sai do cajado e os girassóis em seu chapéu, assim como o Sol brilhante, são suas paixões e também a clareza de espírito.

O Julgamento também nos traz simbolismos alquímicos, na Árvore de Diana (também encontrada no Três de Pentáculos). A árvore é resultado de um processo alquímico e, em algumas literaturas, representa um novo nível de vida. A sabedoria pousa na árvore e os espíritos dos Magos respondem a sua convocação silenciosa. Muitos baralhos de Tarô mostram pessoas sendo chamadas por um anjo para fora dos túmulos; aqui os livros são os caixões que guardam os mortos. Eles estavam presos às páginas que estudaram, mas agora são convidados a transmutar abstrações e teorias em vida.

Ao chegar no Mundo, você alcançou o resultado de qualquer missão em que esteve. Em termos mágicos, você completou o ciclo de individuação e reintegração e se tornou seu verdadeiro Eu único, restabelecendo sua conexão com o Divino e tudo o que existe. O que era teórico agora é experiencial. As energias elementais são representadas por criaturas reais em vez de símbolos: pássaro para o Ar, ninfa para a Água, salamandra para o Fogo e gnomo para a Terra. Você está atravessando um portal pronto para uma nova aventura.

O Dois de Espadas sempre foi uma das minhas cartas menos favoritas, então fiquei impressionada quando a imagem dessa carta me veio à mente, já que esta é uma imagem que eu amo. Embora mais ficção científica do que fantasia, existem alguns elementos místicos na série de TV Firefly e no filme Serenity. Em particular, a personagem River Tam tem experiências psíquicas intensas, mas caóticas. Não temos a certeza de que essas são habilidades naturais dela ou um resultado de o governo ter mexido com seu cérebro, ou ambos. Esta carta é inspirada no papel de River no final de Serenity, quando ela decide agir, mesmo que as probabilidades sejam insuperáveis. A maneira como se move nessa cena me lembra muito como é estar em uma situação de Dois de Espadas.

O Três de Pentáculos mostra outra Árvore de Diana. Na *Trilogia das Almas*, de Deborah Harkness, quando Diana adiciona uma gota de sangue à árvore que ela e sua amiga fizeram, ela ganha vida e dá frutos.

O Quatro de Bastos mostra um portal se abrindo para o Outromundo. No livro e na série de TV *Escola de Magia*, quando é a hora certa, quando todas as coisas estão alinhadas, as portas são abertas e as crianças humanas podem viajar da Terra para o Reino Mágico de Fillory.

O Seis de Espadas acena para Sirius Black e sua moto, que Rúbeo Hagrid pegou emprestada em alguns livros de Harry Potter.

No Sete de Copas os símbolos, começando no canto superior esquerdo, representam::

- Chama âmbar e círculo com três pontos – o mel.
- Chama verde e espiral – a fertilidade.
- Chama prateada e lua crescente – a prata.
- Chama roxa, diamante, ponto e triângulos – o espírito.
- Chama branca e semicírculo com dois pontos – a pureza.
- Chama dourada e círculo com ponto no meio – o Sol.
- Chama vermelha e meio círculo com linhas – a vida.

O crânio com as órbitas oculares laranja brilhantes no Oito de Pentáculos será reconhecido pelos fãs de Harry Dresden (a série Dresden Files) como Bob, o Caveira. Bob é um espírito de puro intelecto, que guia e auxilia qualquer Bruxo que possua o crânio, que é o receptáculo em que ele vive.

Outra homenagem a Harry Dresden ocupa o centro do palco do Nove de Bastos. Harry é famoso por proteger qualquer um que precise de proteção, não importa o tamanho dos monstros que estão vindo até ele.

A cena do Dez de Pentáculos me lembra Lílian e Tiago Potter da série de filmes e livros *Harry Potter*. Talvez seja Dumbledore em segundo plano, uma figura espiritual e mágica do avô.

Os relógios nas árvores do Cinco de Copas e Cavaleiro de Pentáculos são inspirados nas árvores do relógio criadas pela Watcherwoman na Trilogia *Os Magos,* de Lev Grossman. No Cinco de Copas, pensei na velha tradição de que, quando alguém morre, os relógios param, e também que o luto requer um período de tempo, mas eventualmente esse tempo deve terminar e a vida normal deve ser retomada. O Cavaleiro de Pentáculos sabe sobre a importância do tempo e é por isso que as árvores do relógio também aparecem em sua carta.

Todos os Pajens gostam de pensar que estão prontos para a ação. Eles podem ser impacientes e sentir que sabem tudo. A Pajem de Pentáculos é a única exceção a isso. Como todas as Cartas da Corte de Pentáculos, ela se move mais devagar, mais cuidadosamente. Como resultado, ironicamente, ela é muitas vezes a mais preparada de todos os Pajens. As poções preparadas com antecedência e mantidas à mão simbolizam estar pronto para qualquer coisa. Eu li em vários romances que uma das coisas mais importantes para um Mago é estar preparado, então a ideia de planejar com antecedência, pensar no futuro é significativa para um Tarô dos Mago.

Como as Rainhas estão associadas à intuição e habilidades psíquicas, cada imagem tem um animal que representa a conexão da Rainha com outros reinos de conhecimento. A Rainha de Bastos tem o tradicional gato preto. A Rainha de Copas tem uma tartaruga. A Rainha de Espadas tem uma coruja. A Rainha de Pentáculos tem um coelho.

O Rei de Espadas e seu trono parecem estar flutuando, indicando que ele vive principalmente em sua cabeça e às vezes está fora de contato com o mundo real.

É comum pensar nas Cartas da Corte de maneiras diferentes, e você pode notar que os desenhistas de baralhos também usam nomenclaturas diferentes para elas. Uma razão para isso é que algumas pessoas pensam que Pajens, Cavaleiros, Rainhas e Reis não são mais relevantes para a forma como pensamos sobre o mundo, e que seria melhor se usássemos classificações ou títulos que fizessem mais sentido para as pessoas atualmente. As graduações refletem uma progressão do nível de Iniciante ou mais baixo, para o nível de mestre ou mais alto. Por exemplo, em vez de Pajem, Cavaleiro, Rainha e Rei, você pode ver Vidente, Buscador, Sibila e Sábio, ou talvez Aprendiz, Viajante, Professor, Mestre. No trabalho de magia, penso neles como representando diferentes aspectos do processo mágico, usando a associação elemental tradicional de sua classificação. Os Pajens, como o elemento Terra, representam a preparação, um ingrediente chave para o sucesso mágico. As Rainhas, como o elemento Água, representam as emoções, que são a fonte do poder mágico. Os cavaleiros, como o elemento Fogo, representam a vontade do Mago. E os Reis, como o elemento Ar, representam as habilidades e o conhecimento aprendido.

CONCLUSÃO

Se você se considera um Mago ou não, ou talvez se identifica com qualquer outro título mágico, ou não, saiba que você provavelmente é mágico. Na verdade, você é mágico. Você tem tudo o que precisa para se tornar altamente qualificado e eficaz, quer queira mudar o mundo ou mudar a si mesmo, ou ambos.

Lembre-se, estudar Tarô e estudar magia é estudar a si mesmo. O Tarô é uma jornada para a sabedoria. Ao longo do caminho, as cartas são ferramentas úteis para adivinhar o futuro, acessar o conhecimento e encontrar orientação. O Tarô também pode se tornar aquele amigo em quem pode confiar para ajudar a refletir seu verdadeiro Eu de volta para si mesmo.

Que você esteja preparado, poderoso e hábil.

Que você se mova com clareza através de sua vida.

Que você e sua magia possam ser uma benção ambulante no mundo.

Que você encontre e se apaixone pelo seu verdadeiro Eu.